Dr. Rolf Ebeling

Moderne (Klein-) Gruppenpädagogik in Jugendwohngemeinschaften als erfolgreiche Alternative wirtschaftlicher Denkmodelle

Rolf Ebeling

MODERNE (KLEIN-) GRUPPENPÄDAGOGIK IN JUGENDWOHNGEMEINSCHAFTEN ALS ERFOLGREICHE ALTERNATIVE WIRTSCHAFTLICHER DENKMODELLE

ibidem-Verlag
Stuttgart

Bibliografische Information Der Deutschen Bibliothek

Die Deutsche Bibliothek verzeichnet diese Publikation in der Deutschen Nationalbibliografie; detaillierte bibliografische Daten sind im Internet über <http://dnb.ddb.de> abrufbar.

∞

Gedruckt auf alterungsbeständigem, säurefreien Papier
Printed on acid-free paper

ISBN: 3-89821-321-8

Printed in Germany

Alle Erziehung, ja alle geistige Beeinflussung beruht vornehmlich auf Bestärken und Schwächen.
Man kann niemanden zu etwas bringen, der nicht schon dunkel auf dem Wege dahin ist, und niemanden von etwas abbringen, der nicht schon geneigt ist, sich ihm zu entfremden.

Christian Morgenstern

An dieser Stelle möchte ich allen Personen meinen Dank aussprechen, die zur Erstellung dieses Buches beigetragen haben. In unterschiedlichster Weise haben sie mich unterstützt und wertvolle Beiträge geleistet. Meinen besonderen Dank möchte ich allen MitarbeiterInnen an der Fakultät für Pädagogik der Universität Bielefeld (AG 8 und AG 2) sowie den MitarbeiterInnen der Jugendhilfe Eckehardt aussprechen.

Insbesondere möchte ich mich den ProfessorInnen Dr. Gaby Flösser, Dr. Dr. h.c. Hans-Uwe Otto und Dr. Dieter Timmermann, dem wissenschaftlichen Mitarbeiter und Statistikexperten Dr. Matthias Ulbrich-Herrmann, den Interviewerinnen Nina Heimanns, Melanie Schumann und Jessica Gronemeyer, dem Initiator des Eckehardter Modells Michael Walde sowie meinem Lektor und Kollegen Thomas Bergt bedanken.

Mein Dank gilt weiter den Studierenden des Projektseminars `Hilfen zur Erziehung`, den interviewten jungen Menschen, ihren Eltern und den SachbearbeiterInnen der Jugendämter, die durch ihren Beitrag entscheidend zum gelingen der Studie sowie der Reflektions- und Innovationsphase im Forschungsprojekt beigetragen haben.

Letztendlich, doch keinesfalls an letzter Stelle, danke ich meiner Familie für ihr großes Verständnis sowie meinen KollegInnen vom WohnGemeinschaftenVerbund Ulrike Rüdel, Sandra Thiede, Meike Husemann, Susanne Boscher, Tristan Beier und meinem konstruktivsten Kritiker Michael Mader für ihr großes Insiderwissen in Sachen Jugendwohngemeinschaften.

Abbildungen

Tabellen

1 Einleitung

Moderne (Klein)- Gruppenpädagogik in Jugendwohngemeinschaften als erfolgreiche Alternative wirtschaftlicher Denkmodelle

Die folgenden Ausführungen beschreiben aus der Perspektive eines freien Trägers der Erziehungshilfe die moderne (Klein-)Gruppenpädagogik im sozialräumlichen System von Erziehungshilfen. Nach einer kurzen Einleitung, wird im zweiten Abschnitt der Strukturwandel in Einrichtungen der Erziehungshilfe sowie die retrospektive Betrachtung einzelner AdressatInnen ausführlich erläutert. Das folgende Kapitel erklärt die möglichen neuen Ansätze einer ressourcen- und lösungsorientierten Arbeit als MitarbeiterIn im WohnGemeinschaftenVerbund und im vierten Abschnitt werden das Forschungsdesign und die Ergebnisse der Evaluationsstudie "Eckehardter Modell" ausführlich präsentiert. Abschließend werden die Ergebnisse und ersten Erkenntnisse im Kontext der pädagogischen Arbeit in Jugendwohngemeinschaften kurz zusammengefasst.

In den letzten Jahren fand die moderne (Klein-)Gruppenpädagogik in Jugendwohngemeinschaften kaum Resonanz in Wissenschaft und Fachöffentlichkeit. Neue Hilfeformen wurden ausgiebig diskutiert und in nicht unerheblicher Anzahl veröffentlicht.

Meines Erachtens muss die Arbeit in Jugendwohngemeinschaften als moderne Alternative wirtschaftlicher Denkmodelle skizziert werden. Hier wird Wirtschaftlichkeit neu definiert und orientiert sich an eigenen Strukturen. Diese Arbeit gilt als gelungener Zwischenschritt zwischen der klassischen Heimerziehung und den so häufig diskutierten neuen Einzelfallhilfen.

Moderne (Klein-)Gruppenpädagogik

- fördert die Lernfähigkeit in neuen gesellschaftlichen Beziehungsmodellen (Partnerschaft)
- ermöglicht soziales Gruppenlernen
- vermeidet Einsamkeit und Isolation
- schafft Verantwortung vor Ort durch nur eine(n) MitarbeiterIn
- erleichtert eine vertrauensvolle Zusammenarbeit durch nur eine(n) MitarbeiterIn als Bezugsperson für die jungen Menschen
- konzeptioniert Personalintensität
- entwickelt ein lebensweltorientiertes Umfeld
- definiert Wirtschaftlichkeit durch begrenzte Dauer der Maßnahme

Im Fokus ist auch die Ressourcen- und Lösungsorientierung als möglicher neuer Ansatz im Mikrokosmos der alltäglichen Arbeit als MitarbeiterIn in Jugendwohngemeinschaften. Das Herzstück und der Schlüssel für die Ausgestaltung einer individuell am jeweiligen Bedarf orientierten Erziehungshilfe stützen sich insbesondere auf ein professionell durchgeführtes Hilfeplanverfahren und setzen eine hohe Fachkompetenz der in der freien und öffentlichen Jugendhilfe tätigen Akteure voraus. Aus der Konzeptionsvorlage des Wohngemeinschaftenverbundes lassen sich diese Ansätze generieren.

Die Ergebnisse der Petra Studie beziffern die Quote der „erfolgreichen Abschlüsse" in dieser Hilfeform als beeindruckend hoch. Eine mit dem öffentlichen Träger vereinbarte und in der Jugendhilfe Eckehardt durchgeführte Studie über die Zufriedenheit mit der Maßnahme (Befragung: junge Menschen, Eltern und Fachkräfte des Jugendamts) sowie die retrospektive Betrachtung einzelner AdressatInnen spiegelt für Jugendwohngemeinschaften die gleichen positiven Ergebnisse wieder.

2 Erzieherische Hilfen in Jugendwohngemeinschaften

2.1 Die Jugendhilfe Eckehardt

Die Jugendhilfe Eckehardt gehört zum Fachbereich Erziehungshilfen der Gebal GmbH in den v. Bodelschwinghschen Anstalten Bethel. der Fachbereich wurde am 01.01.2000, im Zuge der regionalen Umstrukturierung der einzelnen Geschäftsfelder, mit der Wohnungslosenhilfe in der Gebal GmbH zusammengeführt.

Die Jugendhilfe Eckehardt arbeitet als großer Jugendhilfeverbund verschiedener stationärer, teilstationärer und ambulanter Hilfeformen in Bielefeld auf der Grundlage des KJHG § 27 ff., insbesondere der §§ 32, 33, 34, 35, 35 a und 41. Die Einrichtung verfügt zurzeit über 114 stationäre/teilstationäre Plätze. Eine größere Zahl von ambulanten Angeboten ist in diesen 114 Plätzen enthalten. Zusätzlich gibt es ca. 30 Fälle im Angebot der Westfälischen Pflege Familien (WPF). Angeschlossen sind pädagogische Werkstätten mit 66 Plätzen, das Angebot der `Familien im Mittelpunkt` (FIM) im Verbund mit der Evangelischen Gemeindehilfe, eine Außenstelle der Kerschensteiner Sonderberufsschule, Schulsozialarbeit und - inzwischen als öffentliche Schule für Bielefeld - die Sonderschule für Erziehungshilfen am Schlepperweg. In den letzten zehn Jahren hat sich die Struktur der Jugendhilfe Eckehardt kontinuierlich gewandelt und den veränderten Rahmenbedingungen angepasst. In diesem Zeitraum wurde ein sehr differenziertes Angebot erzieherischen Hilfen konzeptionell erarbeitet und installiert (z.B. Tagesgruppen für Ältere, koedukative Wohngruppen, Intensiv- Wohngruppen § 35 a KJHG, Betreutes Wohnen, Flexible Betreuung, Wochengruppe, Erziehungsbeistandschaft und Westfälische Pflegefamilien usw.). Diese einzelnen Angebote sind am Bedarf der jeweiligen Zielgruppe ausgerichtet. Dadurch, dass seine Einheiten sich in einem hohen Maß selbst organisieren, gewinnt der Fachbereich Erziehungshilfen die notwendige Flexibilität, sich schnell auf veränderte Bedarfslagen einzustellen. Ziel ist es, ein sozialräumliches System von Erziehungshilfen aufzubauen, das auf individuelle Bedürfnislagen flexibel reagiert und im jeweiligen Einzelfall konkrete lebensfeldorientierte Hilfeangebote zur Verfügung stellt. Die tendenziell veränderte Nachfragepolitik in Korrelation zur Veränderung der Angebotsstruktur des Marktes sowie der Weiterentwicklung pädagogischer Ansätze in der Erziehungshilfe sind hierbei als wichtigste einrichtungsinterne Aspekte zu konstatieren: Der Trend zur Regionalisierung, die Umstrukturierung der kommunalen Verwaltungen und die Forderung nach einer stärkeren Kundenorientierung, die bisher vernachlässigte Größe der Adressaten im Verhältnis von Angebot und Nachfrage, potenziert den Strukturwandel in Einrichtungen der Erziehungshilfe.

2.2 Jugendwohngemeinschaften

Als eine Auswirkung der Heimkampagne Anfang der siebziger Jahre, gab es im Ursprung Jugendwohngemeinschaften, die noch in starkem Maße gruppenpädagogische Ziele verfolgten. Daran anschließend wurden Wohneinheiten für einzelne junge Menschen gesucht, die einem eigenen selbständigen Leben noch nicht gewachsen waren, sich aber im Heim oder in Wohngruppen nicht weiterentwickeln konnten. Diese Betreuungsform erwies sich allmählich geeignet für ältere Jugendliche und junge Erwachsene, die bereits zu Hilfebeginn nicht mehr in gruppenpädagogische Settings zu vermitteln waren. Gerade beim Betreuten Jugendwohnen sind die Gestaltungsvarianten breit gefächert, und über die formale Ausgestaltung dieser Hilfeform gibt es keinen Konsens.

Im Kinder- und Jugendhilfegesetz wird diese Hilfeform in § 34 als „sonstige betreute Wohnformen" bezeichnet und wird im Gesetzestext gleichrangig neben der Heimerziehung angesiedelt. Somit wird gewährleistet, dass die individuelle Ausgestaltung der Hilfen nicht behindert wird. Die Orientierung der Zielsetzung der Hilfestellung erfolgt lediglich an der programmatischen Vorgabe, „(...) durch eine Verbindung von Alltagsleben und pädagogischen und therapeutischen Angeboten Kinder und Jugendliche in ihrer Entwicklung (zu) fördern und entsprechend ihrem Alter und Entwicklungsstand (...) die Verselbstständigung des Jugendlichen (zu) fördern und (zu) begleiten. Die Jugendlichen sollen auf ein selbstständiges Leben vorbereitet und in Fragen der Lebensführung, der Ausbildung und Beschäftigung beraten und unterstützt werden“ (§ 34 KJHG). Klaus Wolf fügt dazu an: „Als Betreutes (Jugend A.d.V.)-Wohnen sollen nur Betreuungsformen gelten, in denen keine Betreuung im Schichtdienst rund-um-die-Uhr stattfindet, es keine spezialisierte hauswirtschaftliche Versorgung (etwa durch hauswirtschaftliche MitarbeiterInnen) gibt, ein deutlicher Einfluss der Jugendlichen auf die Gültigkeit von Regeln vorgesehen ist“ (Wolf 1996, S.3). Es ist bekannt, dass es deutliche Abweichungen von diesen Strukturen gibt und die Hilfeformen werden nicht selten mit „Betreuten Jugendwohnen“ umschrieben. Bei genauer Betrachtung dieser Angebotsstruktur gibt es jedoch keine wesentlichen Unterschiede zur Gruppenpädagogik z.B. in Außenwohngruppen oder - als Gegenpol – zur Ausgestaltung von Lehrlingswohnheimen, in denen nur ein Minimum an Betreuung gewährleistet ist. Häufig leben Jugendliche im Rahmen erzieherischer Hilfen in Wohngemeinschaften, die so “dicht“ betreut werden, dass ein geringer Grad an Selbstständigkeit erforderlich ist und eine „Verselbstständigung“ in diesem Setting kaum erfolgen kann (vgl. BMFSFJ Schriftenreihe Bd.170; 1998, S. 266f.).

2.3 Historischer Hintergrund des WohnGemeinschaftenVerbund der Jugendhilfe Eckehardt

Seit ca. 20 Jahren existiert das Betreute Jugendwohnen der Jugendhilfe Eckehardt und wurde mittlerweile in den WohnGemeinschaftenVerbund umbenannt. Das Wohngemeinschaftenangebot der Jugendhilfe Eckehardt entstand ursprünglich als Erweiterung des stationären Hilfsangebotes mit dem besonderen Ziel einer weiteren Verselbstständigung.

Das Angebot galt anfänglich nur für Jugendliche, die den traditionellen Großgruppen der Einrichtung entwachsen schienen und im Rahmen einer

Kleingruppe, quasi als Zwischenschritt, auf die spätere Selbstständigkeit vorbereitet werden sollten. Aufgrund des gesellschaftlichen Wandels und der daraus resultierenden Weiterentwicklung der Jugendhilfe, entstand in relativ kurzer Zeit eine Vielzahl differenzierter Hilfeangebote.

In diesem Zusammenhang erweiterte sich sehr schnell das Aufgabenspektrum der Wohngemeinschaftenarbeit. Es kam vermehrt zu Anfragen von Jugendlichen, die sich mit den Bedingungen einer Großgruppe überfordert fühlten und durch den häufigen Wechsel von Bezugspersonen sehr verunsichert waren oder die engeren Regeln und den unpersönlicheren Rahmen einer Großgruppe schlicht ablehnten. Die Aufnahme dieser Jugendlichen veränderte nicht nur das Aufgabenspektrum, sondern ließ die Entwicklung zu klaren strukturellen Standards unumgänglich werden.

So nimmt der WohnGemeinschaftenVerbund (WGV) heute, neben dem Betreuten (Einzel-)Wohnen (BW) und den Flexiblen Einzelmaßnahmen (MOB, FLEX) einen festen Platz im Spektrum der individuellen Hilfeangebote zur Verselbstständigung ein. So steht unsere pädagogische Arbeit konzeptionell mit der Betreuung von Jugendlichen beiderlei Geschlechts in Wohngemeinschaften von 2 - 3 Jugendlichen ganz bewusst für die Vermittlung von sozialen Kompetenzen im Umgang mit anderen Menschen im eigenen Sozialraum. Besonders Jugendliche, die nach ersten Erfahrungen der Vereinsamung in Einzelwohnsituationen die Vorzüge eines solchen überschaubaren Wohnkompromisses zwischen Individualität und Anpassung zu schätzen wissen, werden durch unser Angebot erreicht (vgl. Konzeptentwurf WGV Bielefeld 2001).

2.4 Beschreibung der Infrastruktur

Der WohnGemeinschaftenVerbund Bielefeld, umfasst derzeit 10 Wohnungen mit jeweils 2 - 3 Plätzen. Die Wohnungen liegen in normal gewachsenen Wohngebieten und erfüllen einen den gesellschaftlichen Normen angemessenen Wohnstandard (Telefon, Waschmaschine, TV, Kabelanschluss, etc.).

Für die Wohngemeinschaftenarbeit in der Jugendhilfe Eckehardt wird ein Betreuungsschlüssel von 1 MitarbeiterIn für 3 Jugendliche zu Grunde gelegt. Die MitarbeiterInnen sind pädagogische Fachkräfte, die in der Regel einen FHS Abschluss vorweisen können, oder sich als ErzieherIn für diese Aufgabe weiter qualifiziert haben. Die von dem/der MitarbeiterIn zu betreuende Wohngemeinschaft liegt in unmittelbarer Nähe seines/ihres Wohnorts, damit eine flexible und schnelle Kontaktaufnahme gewährleistet und die Möglichkeit einer unmittelbaren Krisenintervention grundsätzlich gegeben ist. Jede/r MitarbeiterIn stellt seinen/ihren PKW als Dienstfahrzeug zur Verfügung. Die Ausstattung mit einem Handy gehört zum Standard, so dass die Möglichkeit einer durchgängigen Erreichbarkeit von 8-22 Uhr angeboten werden kann. Außerhalb dieser Zeit und insbesondere an Wochenenden, ist ein/e MitarbeiterIn als Hintergrundbereitschaft telefonisch erreichbar. Innerhalb der Betreuung findet in der Regel mindestens ein tägl. Kontakt zwischen dem/der MitarbeiterIn und der/den BewohnerInnen in der WG statt.

In der Praxis entsteht die Qualität der Betreuungsintensität allerdings weniger durch die in der WG gemeinsam verbrachte Zeit, als viel mehr durch den Versuch des/der BetreuerIn den Tagesablauf der Jugendlichen zu begleiten.

Unseren jungen Menschen steht die gesamte Infrastruktur der Jugendhilfe Eckehardt in Bezug auf Ausbildung, Schule oder auch Freizeitgestaltung zur Verfügung. Darüber hinaus haben sich die einzelnen MitarbeiterInnen eine eigene Infrastruktur zur Ausbildungsförderung durch Schulkontakte oder Praktikumplätze in ihrem unmittelbaren Sozialraum erschlossen. Auch die Integration in Vereine und allgemeine Freizeitangebote werden auf diese Weise durch die MitarbeiterInnen gefördert.

Im Aufbau und der Koordination dieser verschiedenen Angebote, und der damit an den Bedürfnissen des Jugendlichen orientierten Tagesstruktur, sieht der/die MitarbeiterIn des WohnGemeinschaftenVerbundes einen Schwerpunkt seiner/ihrer pädagogischen Arbeit (vgl. Konzeptentwurf WGV Bielefeld 2001).

2.5 Eigene Zielsetzung und Grenzen

Pädagogische Arbeit innerhalb von gesellschaftlichen Strukturen, die geprägt sind von der Auflösung traditioneller Werte und somit die individuellen Lebensentwürfe in den Vordergrund persönlichen Handelns stellen, bedeutet eine schwierige Gradwanderung zwischen den unterschiedlichsten Erwartungen und Bedingungen.

Innerhalb der Auseinandersetzung um eine gemeinsame Zielsetzung wird dieser Zeitgeist deutlich, und es gehört zu unserem Selbstverständnis, sich innerhalb unseres Teamprozesses dieser Herausforderung immer wieder zu stellen. Dies geschieht weniger mit der Intention, neue oder alte Werte zu einem gemeinschaftlichen Dogma unseres Handelns werden zu lassen, als vielmehr in der Hoffnung auf diese Weise Strukturen lebendig zu erhalten, die der eigenen Orientierung dienen.

Das bewusste Erfahren der eigenen fortwährenden Entwicklung und Anpassung, die uns immer wieder zwingt, neue Standpunkte zu prüfen bzw. gelten zu lassen und uns selbst zu hinterfragen, sehen wir als wichtige Voraussetzung für unsere Arbeit. Die von Scheiterungsverläufen geprägten und oft fehlgelaufenen Persönlichkeitsentwicklungen unserer Klienten, begründen unseren pädagogischen Ansatz, die entstandenen Verhaltensstereotypen zu verstehen, zuzuordnen und sie gemeinsam mit dem Jugendlichen zu hinterfragen. Dieses ist nur auf der Basis grundsätzlicher Akzeptanz und Wertschätzung der jungen Menschen möglich.

Es ist ein vorrangiges Ziel unserer Arbeit, eine eigene Bestandsaufnahme der Jugendlichen zu unterstützen, damit auf der Basis dieses so erlangten „Selbst“bewußtseins für sie der Weg zur Entwicklung eigener Lebenswelt und Sozialraumperspektiven frei wird. Um diesen Prozess zu ermöglichen, ist es uns wichtig dem Jugendlichen eine möglichst klare Vorstellung von den

Möglichkeiten und Grenzen unseres Hilfsangebotes zu vermitteln und auf die Notwendigkeit demokratischer Spielregeln hinzuweisen. Die frühzeitige Darlegung der im Rahmen der Betreuung auf den Jugendlichen zukommenden Möglichkeiten und Verpflichtungen sollen die Wichtigkeit seiner eigenen Entscheidung verdeutlichen und die Notwendigkeit seiner Mitwirkung unterstreichen. Ziel und Grenze unserer Arbeit sehen wir also in der Verwirklichung eines gemeinsamen Prozesses zur Orientierung und Selbstbestimmung, dessen praktische Umsetzung eine selbstverantwortete, zielorientierte Selbständigkeit des Jugendlichen ermöglicht. Die Inhalte und Ziele lebensweltorientierter Arbeit verdeutlichen insbesondere die Notwendigkeit therapeutischer Hilfen und Angebote für die jungen Menschen und ihre Herkunftsfamilien (vgl. Konzeptentwurf WGV Bielefeld 2001).

2.6 Häufige Belastungen und Ressourcen zu Beginn der Hilfe

Als Grundcharakteristikum für das Zustandekommen einer Jugendhilfemaßnahme wird häufig die allgemeine Überforderung der Eltern, die sich durch Belastungen der Familie bei Beziehungsproblemen (ambivalentes Beziehungsinteresse, problematische Partnerbeziehung der Eltern) verstärkt, verstanden. Ein weiterer Aspekt verbirgt sich oftmals in der sozioökonomischen Belastung der Familie.

Die Problembereiche bei den jungen Menschen begründen sich häufig in den vorher genannten Grundcharakteristika (tiefgreifende Störungen der Eltern-Kind-Beziehung, Generationenkonflikt Kind-Urgroßmutter, Kind als Opfer familiärer Kämpfe und familiären Zerfalls oder Gewalt- und Missbrauchserfahrungen). Dann folgen gravierende Konzentrations- und/oder Motivationsprobleme, Schuleschwänzen, Fernbleiben von der Ausbildungsstelle, kein fester Wohnsitz, mangelnde Zukunftsperspektive, mangelndes Selbstvertrauen und Durchhaltevermögen, leben in einer Notunterkunft, Gefahr abzugleiten und Versorgungsproblematik wegen Krankheit der Mutter.

Als Ressourcen der jungen Menschen werden die eigene Zielvorstellung und die Kraft selbstbestimmt leben zu wollen gefördert. Die Entwicklung der Perspektiven/Lebensplanung, das Interesse an Schule und Ausbildung und die Kontaktfähigkeit sowie die geringfügige soziale Offenheit in der Teilgruppe wird ermöglicht.

2.7 Retrospektive Betrachtung einzelner AdressatInnen

Im Vordergrund der folgenden Ausführungen steht der nicht repräsentative Blick auf die subjektiven Deutungen einzelner jungen Menschen, wie sie im Rückblick ihre Erfahrungen in und mit den erzieherischen Hilfen, im Kontext der Jugendwohngemeinschaften, einschätzen und zu einem mehr oder weniger integrierten Teil ihrer eigenen Lebensbiografie werden lassen. Im Dialog mit den Jugendlichen oder mittlerweile jungen Erwachsenen sollen die Bedeutung der Hilfe und ihre aktuelle Lebenssituation nachgezeichnet werden. Wie sie selber ihre Geschichte berichten und sehen, inwieweit sie dem Ganzen einen Sinn abgewinnen können, steht im Mittelpunkt des Interesses. Im Hinblick auf die Bandbreite an familiären Belastungen ist kaum möglich, von Erfolg oder Misserfolg zu reden, also von einer klaren Polarisierung und Gewichtung der Lebenserfahrungen und ihrer Bedeutung. Zu vielschichtig erzählen die jungen Menschen im Rückblick ihre Erfahrungen, ordnen die einzelnen Stränge zu einem Gesamtbild ihrer Lebensgeschichte und gewichten in differenzierter Weise die gemachten Erfahrungen. Heimerziehung als ein lebenswichtiger sozialer Ort, die Jugendwohngemeinschaft als sozialer Raum wird in all diesen Lebensverläufen überwiegend im positiven, vereinzelt auch im negativen Sinn zu einem prägnanten Element. Die Erfahrung des Aufwachsens an einem „anderen sozialen Ort“ als der Familie ist konstitutiv im Quervergleich all dieser Lebensverläufe und konkretisiert sich im Einzelfall jeweils aufs Neue. In manchen Fällen verliert die Erfahrung mit und in der Heimerziehung oder der Jugendwohngemeinschaft jedoch ihre Bedeutung, wenn sie in bezug gesetzt wird zu anderen ebenso wichtigen bzw. existentielleren Erfahrungen neben oder nach Beendigung der Jugendhilfe. Insofern kann die Zeit im Heim oder in Jugendwohngemeinschaften nicht allein für sich betrachtet werden; sie bleibt eingebettet in den gesamten Lebensverlauf der jungen Menschen und gewinnt ihren Sinn innerhalb der jeweiligen Lebensgeschichte durch die Deutungsversuche der Jugendlichen („Für mich war es so"). Das, was die Jugendlichen als Erfolg oder hilfreich definieren, kann durchaus im Kontrast zu objektivierten Erfolgskriterien und Standards fachlichen Handelns stehen. Differierende Wahrnehmungen oder Vorstellungen vom „guten Leben" spielen dabei ebenso eine Rolle wie der Standpunkt und die Betroffenheit der Beobachter (vgl. BMFSFJ 1998; Schriftenreihe 170). „Jede/r hat seine eigenen Beobachtungen und eine eigene Wahrnehmung, die nicht automatisch mit der Wahrnehmung anderer Systeme übereinstimmt" (Pankhofer 1997, S.188).

Da die Interviews mit einem gewissen Abstand (ein bis drei Jahre nach Beendigung der Hilfe) stattfanden, ist davon auszugehen, dass eine reflektiertere Betrachtung als unmittelbar während der Hilfe möglich ist. Die Erfahrungsberichte sind Momentaufnahmen. Eindrücklich kann sich diese „Erfahrungsumschichtung" vor allen beim Übergang von einer Sozialisationsphase in eine andere zeigen, in dem durch Konfrontation mit neuen Lebensaufgaben die eigene Lebensgeschichte geordnet und als Sinn- und Handlungsressource neu definiert wird.1

Zweifelsohne stellt sich bei diesem Vorgehen immer wieder die Frage nach der Tragweite der Verallgemeinerbarkeit der Selbstaussagen der jungen Menschen. Von daher sei nochmals betont, dass im Vordergrund dieser Interviews die Sichtweisen der betroffenen jungen Menschen stehen.

1 Vgl. dazu Ahlheit/Hoerning 1989. In anschaulicher Weise wird hier auch auf die doppelte Bedeutung von Erfahrung als Begriff verwiesen. „Erfahrungen *besitzen* heißt, über Wissensbestände zu verfügen, die als Ressourcen für die Konstruktion zukünftiger biographischer Perspektiven verwendet werden können. Erfahrungen machen heißt, sich für die Entwicklung der Lebensgeschichte relevante 'Realitäten' anzueignen, sie zu verarbeiten und daraus Konsequenzen für den biographischen Entwurf abzuleiten" (Ahlheit/Hoerning 1989, S.154).

2.7.1 Die Jugendwohngemeinschaften aus Sicht der jungen Menschen

Keiner der jungen Menschen, die hier aus ihrem Leben und ihren Erfahrungen mit der Heimerziehung berichten, kommt als unbeschriebenes Blatt ins Heim. Jahrelange Belastungen in Familie und im Bereich anderer Beziehungserfahrungen, Auffälligkeiten oder Schwierigkeiten innerhalb öffentlicher Institutionen (Schule, Polizei, Gericht usw.) oder krisenhafte und in manchen Fällen dramatische Konflikte, gingen allen Entscheidungen für eine Fremdplatzierung der jungen Menschen voraus. Es führt zu weit, diese hier im Einzelnen ausführlich nachzuzeichnen und durch die Aussagen der jungen Menschen zu belegen.

2.7.2 Bilder von Heimerziehung in Jugendwohngemeinschaften im Rückblick

„Für mich war es so.“

Im Vordergrund stehen Bilder und Umschreibungen, wie die jungen Menschen die Hilfe im Rückblick sehen, welchen konkreten Nutzen (War die Hilfe in ihrer Gesamteinschätzung eher hilfreich oder aber schädlich und hemmend?) sie der Hilfe abgewinnen konnten, wie sie die Begegnungen mit den PädagogInnen und das Zusammenleben mit anderen Jugendlichen in ihrer Gruppe erlebt haben, ob und wie sie sich angenommen gefühlt haben.

Die Erziehung in Jugendwohngemeinschaften wird dabei als Gesamterlebnis thematisiert. Einige solcher bezeichnenden Bilder können einen Eindruck davon geben, „wie“ die Erziehung und das Leben in Jugendwohngemeinschaften empfunden wurden:

- „es war immer etwas zu essen da, also verhungern konntest du nicht“
- „für mich war es nur eine Zwischenstation, eine absolute Zwischenlösung“

- „das war für mich die beste Zeit im Leben“
- „ich wurde zum ersten Mal so akzeptiert wie ich bin“
- „ich habe mich arrangiert“
- „es hört dir wirklich jemand zu“
- „es gibt wieder Erwachsene denen du vertrauen kannst“
- „ich habe gelernt auf eigenen Füßen zu stehen“
- „ich hatte mehr Freiraum als zu Hause“
- „es war immer jemand da, so hast du das Gefühl nicht allein zu sein“
- „eine Unterbringung in einer großen Gruppe hätte mich abgeschreckt“
- „ich habe viel Unterstützung bekommen. Manchmal war es auch zu wenig“
- „es ist wie beim Sport, man muss zusammenhalten und zusammen klar kommen“
- „vorher im Heim kümmerte man sich nur um das Wichtige, in der WG war es viel besser und individueller“

2.7.3 Jugendwohngemeinschaften als wichtiger und prägender Lebensabschnitt

Es äußern sich einige der jungen Menschen, die für längere oder kürzere Zeit in einer Jugendwohngemeinschaft betreut wurden, zu ihren wichtigen Erfahrungen, die sie während dieser Zeit als integrierten Bestandteil ihrer Lebensgeschichte sammeln konnten.

Doro2 schildert die Zeit in der Jugendwohngemeinschaft als ein „Zuhause“, wo sie eine eigene Zukunftsperspektive entwickeln konnte und Vertrauen in ihre Person erfuhr.

2 Zur Anonymisierung der Fallgeschichte ist dieser Vorname frei erfunden. Die junge Frau lebte ca. zwei Jahre in einer Jugendwohngemeinschaft und wurde im Sommer 2002 in eine eigene Wohnung, mit nur noch flexibler Betreuung bis Januar 2003, entlassen.

„Ich wollte da nicht raus, ich wollte in der WG bleiben, weil es mein Zuhause war. Mein Mitbewohner war nett, zwar etwas faul. Eigentlich war er unordentlich und hat nicht so oft sauber gemacht. Es war immer jemand für mich da. Er hat mir oft zugehört, dafür habe ich oft für ihn saubergemacht oder gekocht. Insgesamt war das in Ordnung. Die Gespräche mit meinem Betreuer, früher haben sich mich auch oft angenervt, haben mir doch sehr geholfen. Sein Verständnis für meine großen und kleinen Probleme tat mir gut, doch kritische Äußerungen konnte ich nicht so gut ertragen. Ich habe eine große Gruppe im Heim kennen gelernt, dagegen lebten wir exklusiv. Mein Betreuer war zum Glück nicht immer in der WG, doch wenn es nötig war kam er sofort. Eigentlich war das cool. Ich habe in den zwei Jahren meinen jetzigen Freund kennen gelernt und eine Ausbildung begonnen. Mittlerweile habe ich meine Ausbildung abgeschlossen und eine eigene kleine Wohnung. Manchmal vermisse ich auch die alten Zeiten, doch als „alte" Frau, kichert, kichert, komme ich gut klar."

Arkan3 schildert seine Erfahrungen in der Jugendwohngemeinschaft ähnlich positiv. Er hatte dort den Raum zur Ruhe zu kommen, sich zu verselbstständigen und profitiert heute davon in seinem Job.

„Das waren schöne Zeiten, manchmal auch völlig verrückt. Meine Familie lebte in der Türkei, nur mein Vater war in Deutschland. Er konnte sich nicht richtig um mich kümmern. Wir lebten in einem Übergangswohnheim. Dort wurde sehr viel Alkohol getrunken und wir haben nur so in den Tag gelebt. Das Jugendamt hat mich dann in eine Heimgruppe geschickt. Das wäre fast mein Untergang gewesen. Ich kam mit der Mentalität der anderen Bewohner nicht klar und hatte erhebliche Verständigungsprobleme. Zum Glück konnte ich nach

3 Zur Anonymisierung der Fallgeschichte ist dieser Vorname frei erfunden. Der junge Mann lebte ca. 3 Jahre in einer Jugendwohngemeinschaft. Er wurde im Herbst 2000 in eine eigene Wohnung entlassen. Dort wurde er im Rahmen des Betreuten Wohnens bis 2001 weiter betreut.

mehren Gesprächen mit dem Jugendamt und den Betreuern in eine Jugendwohngemeinschaft umziehen. In der kleineren Wohnung hatte ich genügend Raum zur Ruhe zu kommen und ich musste mich nur auf einen Mitarbeiter und zwei Mitbewohner einstellen. Kulturbedingt gab Anfangs auch größere Probleme. Es wurde besser, als die Verständigung einfacher wurde. Anfangs habe ich, um meinen Betreuer nicht enttäuschen und insbesondere besser als die anderen Mitbewohner vor ihm dazustehen, die Schule besucht und meine Ausbildung begonnen. Erst viel später wurde mir deutlich, dass ich dies alles für mich und meine Selbstständigkeit tun musste. Der Betreuer war nicht den ganzen Tag bei uns, so konnten wir auch in Ruhe unsere Freizeit gestalten und auch Freunde einladen. Doch wenn es notwendig war, kam er sofort. Besonders ärgerlich wurde er, wenn ich Freunde und Verwandte, ohne vorher mit ihm zu sprechen, in meinem Zimmer übernachten ließ. Ich muss heute gestehen, dass das leider öfters passierte. Doch mein Betreuer war wirklich in Ordnung und ich habe ihm viel zu verdanken. In diesem Zeitraum, bin ich viel selbstständiger geworden, habe ich meine Ausbildung begonnen und einen Führerschein gemacht. Heute profitiere ich davon und habe einen Job."

Felix4 schildert seine Erfahrungen in Jugendwohngemeinschaften kritischer. Er fand die erste Zeit ganz toll, doch dann mangelte es ihm insbesondere an der Möglichkeit sich „kreativ" zu entfalten und „individuell" zu entwickeln. Er betont jedoch, dass sich durch die Unterbringung die Beziehung zu seiner Mutter anhaltend verbessert hat.

„Ich habe auf der Straße und bei Freunden gelebt, doch irgendwie hat sich das nicht mehr gebockt. Nach einigen kleinen Straftaten habe ich

4 Zur Anonymisierung der Fallgeschichte ist dieser Vorname frei erfunden. Der junge Mann lebte zwei Jahre in einer Jugendwohngemeinschaft und wurde im Frühjahr 2000 in die Mobile Betreuung verlegt. Fünf Monate später wurde er, auf Anordnung des Kostenträgers in der eigenen Wohnung in die Sozialhilfe entlassen.

das Jugendamt um Hilfe gebeten. Ich durfte dann in eine Jugendwohngemeinschaft einziehen, weil ich in keiner anderen Heimgruppe geblieben bin. Die festen Regeln und formalen Strukturen haben mich, und auch die Einrichtungen, an Grenzen gebracht. Die erste Zeit in der WG war echt geil. Ich konnte dort geregelt essen und durfte mir mein Essen selbst zusammenstellen. Diese neu gewonnene „Freiheit" hatte leider auch eine unangenehmere Seite. Ich musste morgens früh aufstehen und zur Schule gehen. Für mich und auch meine Betreuer, waren die morgendlichen Weckorgien hammerhart. Die Schule habe ich im ersten Jahr abgeschlossen. Während dieser Zeit hatte ich eine feste Freundin, die mich auch sehr unterstützte. Ich wollte ihr beweisen, dass ich was drauf habe. Mit der Gruppe und meinem Betreuer haben wir oft Fußball gespielt, dass war spaßig und immer ein Highlight der Woche. Ansonsten bin ich immer meine eigenen Wege gegangen. Ab dem Start meiner Ausbildung und ohne meine Freundin ging es anders „ab". Ich wollte nicht so stupide zur Arbeit rennen. Ich wollte lieber meinen Alltag kreativ und individuell gestalten. Leider musste ich, nachdem ich die Ausbildung geschmissen habe, aus der WG ausziehen. Das Jugendamt wollte das so. Das ist mir nicht leicht gefallen, doch meine neu gewonnene Freiheit war mir wichtiger. Rückblickend betrachtet, hätte ich die Chance doch besser nutzen sollen, aber ich komme so auch klar. Auf jeden Fall ist durch die Zeit in der Betreuung, meine Beziehung zu meiner Mutter viel besser geworden und auch geblieben."

Martin5 schildert seine Zeit in einer Jugendwohngemeinschaft als eine einschneidende Etappe seiner Lebensbiographie. Er konnte nach kleineren Straftaten, den für sich richtigen und besseren Weg einschlagen. Die Rahmenbedingungen in der WG waren für ihn passend und positiv.

5 Zur Anonymisierung der Fallgeschichte ist dieser Vorname frei erfunden. Der junge Mann lebte zwei Jahre und sechs Monate in einer Jugendwohngemeinschaft und wurde im Sommer 2002 in eine eigene Wohnung entlassen.

„Ich habe vorher lange Jahre in unterschiedlichen Pflegefamilien gelebt und bin dann in eine stationäre Heimgruppe umgezogen. In der großen Heimgruppe habe ich zwar meinen Hauptschulabschluss gemacht und eine Ausbildung begonnen, doch ich habe mich auch zu kriminellen Handlungen anstiften lassen. Ich wollte gern in eine kleine Jugendwohngemeinschaft umziehen, für mich war das ein weiterer Schritt, vor allen Dingen auch im Ansehen unter den Jugendlichen. Eine kleine Wohnung, das ist schon was. In Absprache mit dem Jugendamt klappte es dann auch nach einiger Zeit. Dort war es viel ruhiger. Ich musste mich nur noch mit einem Betreuer auseinandersetzen. Manchmal hat mich seine Hartnäckigkeit genervt. Ich glaube er hatte einen noch größeren Dickschädel als ich und ich glaube dazu gehört einiges. Wenn wir uns an die Absprachen gehalten haben und unseren Job erledigten, war das Zusammenleben wirklich klasse. Wenn etwas nicht so funktionierte, war unser Betreuer recht nervig und anstrengend. Aber genau diese Hartnäckigkeit und Nähe hat mir sehr weitergeholfen. Diese Rahmenbedingungen waren für mich optimal. Mit einem Mitbewohner kann man sich arrangieren und man ist vor allen Dingen auch nicht einsam. Es ist schön, wenn man nach Hause kommt und die Wohnung ist nicht leer. Toll war auch das kicken mit den Betreuern, denn wir haben jede Woche Fußball gespielt. In der Betreuung habe ich meine Ausbildung beendet und einen Führerschein gemacht und mit Hilfe meines Betreuers auch selber zusammengespart. Darauf kann ich mit einigem Stolz zurückblicken. Mir viel es nicht leicht auszuziehen, doch ich habe heute eine eigene Wohnung, zusammen mit meiner Freundin, denn zu Zweit ist es besser und ich habe eine feste und gute Anstellung."

Helen6 schildert ihre Zeit in einer Jugendwohngemeinschaft als "großes Glück". Ihr wurde eine Chance für einen neuen Anfang eingeräumt und die

6 Zur Anonymisierung der Fallgeschichte ist dieser Vorname frei erfunden. Die junge Frau lebte ca. 18 Monate in einer Jugendwohngemeinschaft und wurde im Sommer 2002 in eine eigene Wohnung entlassen.

Stärkung ihres Selbstbewusstseins war die Quelle zur Verbesserung ihrer Lebensqualität.

„Ich hatte zuhause nur Probleme und wollte mich sogar umbringen, da habe ich über das Jugendamt eine Maßnahme gefördert bekommen. Ich bin gleich in eine Zweier-WG gezogen. Zuerst hatte ich eine Mitbewohnerin und später einen Mitbewohner. Mit meiner Betreuerin hatte ich großes Glück. Sie hatte sehr viel Verständnis für meine Situation und war sehr einfühlsam. Den meisten Stress hatte ich mit meinem Freund sowie seinen Freunden und mit meinem knappen Geld. Die Gespräche mit meiner Betreuerin haben mir jedoch mein Selbstbewusstsein zurückgegeben, so dass ich mit meinem Leben viel besser klar gekommen bin. Ich konnte meine Leistungen in der Schule verbessern und einen guten Abschluss machen. Dieser Erfolg hatte jedoch auch seinen Preis, denn mein Freund kam mit meiner Entwicklung nicht zurecht und es gab immer mehr Probleme und Streit. Hätte ich zu dieser Zeit nicht die Unterstützung in der Gruppe gehabt, weiß ich nicht was passiert wäre. Die Trennung von meinem Freund war schmerzhaft, doch rückblickend betrachtet eine große Chance für einen neuen Anfang. Mir hat die Zeit in der WG sehr gut getan und ich rufe meine ehemalige Betreuerin auch heute noch an."

Die hier angeführten Bemerkungen ehemaligen Bewohner der Jugendwohngemeinschaften der Jugendhilfe Eckehardt, lassen mehrere Parallelen zu einer in der Jule Studie veröffentlichen Aussage erkennen. Herr Perez erlebte das Betreute Jugendwohnen als Vorbereitung auf sein eigenständiges Leben, das durch seine Vorstellung von Normalität geprägt ist, und hierbei glaubt Herr Perez von der Hilfe einen entscheidenden Anstoß erhalten zu haben:

„Es war eine lange Zeit, ja, aber es war eine Zeit, die eigentlich gut vorangegangen ist, die auch für mein zukünftiges Leben eine sehr große Rolle gespielt hat, auch auf Beruf, Ausbildung und alles mögliche bezogen."

„Ich habe es so verstanden, dass die Betreuer da sind, um uns alles ein bisschen zu erleichtern, sie sollen uns nichts abnehmen, sondern sie sollen uns zeigen, wo es lang geht, und was können wir tun, um das zu erreichen. Und insofern hat es sich für mich persönlich gelohnt, sowohl was das Selbstvertrauen angeht als auch praktisch für mein jetziges Leben, muss ich sagen. Das war eigentlich wie ein In-Gang-Setzen; bis jetzt- perfekt war es natürlich nicht, aber das war das, was mich am besten auf ein normales Leben vorbereitet hat, sag ich mal. Das war mal ein bisschen Selbstvertrauen, das war- das kann ich eigentlich so gar nicht beschreiben, es fehlen mir die Worte. Das ist mir wie ein normales Leben –sag ich mal – vorgekommen, was bis dahin nicht der Fall gewesen ist, dass ich mein Leben so gestalte, wie es auch in Zukunft sein wird, dass ich dann –ja - selbstständig bin; das es mein Leben ist, das war für mich das Wichtigste. Das was am markantesten war - ich weiß es nicht – es fehlen mir die Worte; ich kann nur wiederholen, ich bin glücklich, dass ich in das betreute Jugendwohnen gekommen bin und dass es so abgelaufen ist. Das hat mir noch den entscheidenden Ruck gegeben.“ (BMFSFJ 1998; Schriftenreihe 170, S. 597)

2.7.4 Bilanzierung der retrospektiven Betrachtungen

Die Interviews geben die subjektiven Einschätzungen über die zentralen Aspekte der erlebten erzieherischen Hilfen in Jugendwohngemeinschaften wieder, die zum Gelingen der Hilfe aus Sicht der Interviewten beitrugen. Daraus lassen sich zahlreiche Hinweise zur Gestaltung der erzieherischen Hilfen gewinnen. Es dominieren die Themenbereiche, die einen Bezug zur individuellen Selbstständigkeit, den BetreuerInnen und zur beruflichen Qualifikation herstellen.

Sehr eindrücklich sind die erzählten Bilder der jungen Menschen hinsichtlich einzelner Erfahrungen mit Jugendhilfe. In ihnen finden sich Hinweise auf Wünsche und Enttäuschungen der jungen Menschen, aber auch auf Qualitäten pädagogischen Handelns im Hilfeprozess. Die Selbsteinschätzungen knüpfen die jungen Menschen an mehrere Aspekte.

Zu nennen sind Interaktionen und Beziehungserfahrungen mit den PädagogInnen, das Erleben der Unterstützung in der Alltagsorganisation und bei alltäglichen Anforderungen, das Zusammensein und Zusammenleben mit Gleichaltrigen in ähnlich schwierigen Lagen, das erleben von Normalität im Alltag, die spannungsreiche Balance zwischen Unterstützung und Forderung, die Erfahrung von Vertrauen und Sicherheit, wohlwollende Kritik, die Anregung als Person und Bestätigung in der eigenen Suche nach Lösungen, die Konfrontation mit der eigenen Person und Geschichte und Begleitung in schwierigen Situationen. Ebenso wurden Kehrseiten deutlich. Was ist wenn die Regeln und Normalität der Gruppe, eines Betreuungsettings nicht den Lebensentwürfen der jungen Menschen entsprechen? (vgl. BMFSFJ 1998; Schriftenreihe 170)

Zieht man aus den Aussagen in den Interviews eine Bilanz, so berichten die jungen Menschen überwiegend über den Erfolg der Hilfen in Jugendwohngemeinschaften. Es gibt aber auch ambivalente Aussagen zur Hilfe und in einem Fall auch negativere Einschätzungen. Diese beziehen sich auf die fehlende Orientierung an der Individualität (Kreativität) der unterschiedlichen Lebensentwürfe junger Menschen während der laufenden Hilfeplanung. Dieser Vorwurf muss jedoch, insbesondere im Kontext der Forderungen zuständiger Kostenträger, genauer analysiert werden. Die durchschnittliche Unterbringungsdauer im Betreuungssetting der Jugendwohngemeinschaften, ist bei den hier untersuchten Fällen, mit ca. 2 Jahren zu beziffern. Es ist zu konstatieren, dass die überwiegende Zahl der Fälle in diesem begrenzten Zeitraum, entscheidende Schritte zur selbstständigen Lebensführung und zur Eingliederung in den ersten Arbeitsmarkt realisieren konnten. Somit wurden die Chancen benachteiligter junger Menschen signifikant erhöht. Eine alternative Abfederung, durch das weite Netz sozialstaatlicher Sicherungssysteme, musste in der überwiegenden Zahl der Fälle nicht mehr in Anspruch genommen werden.

2.8 WGV als erfolgreiche und wirtschaftliche Alternative

Wirtschaftlichkeit definiert sich in diesem Setting insbesondere durch den Erfolg und die begrenzte Dauer der Maßnahme. (Klein-)Gruppenpädagogik in Jugendwohngemeinschaften hat sich als „moderne Hilfeform“ in unterschiedlichster Ausprägung in der Jugendhilfelandschaft etabliert und erfüllt seine Funktion bei der Verselbstständigung junger Menschen in weiten Teilen. Auch Jugendliche, die im Anschluss an mehrere (zum Teil gescheiterte) Hilfen in Jugendwohngemeinschaften vermittelt werden, können hier in den meisten Fällen Ressourcen mobilisieren, die ein trägfähiges Betreuungssetting und einen positiven Hilfeverlauf ermöglichen. Die Hilfe ist für einige zunächst eine unbekannte Größe mit neuen Einschränkungen. Einerseits wird sie verführerisch für „Ausschweifungen“, andererseits aber nicht als „isolierend“ erlebt. Junge Menschen, die in dieser überschaubaren Wohnkonstellation leben, können sich so auf eine Betreuungsperson vertrauensvoll einlassen. Sie lernen in diesem Feld die nötigen lebenspraktischen Fähigkeiten und schaffen es selbstständig und eigenverantwortlich Ziele und Perspektiven zu entwickeln.

Die Ergebnisse der Petra Studie beziffern die Quote der „erfolgreichen Abschlüsse“ in dieser Hilfeform als beeindruckend hoch (vgl. BMFSFJ 1998; Schriftenreihe 170). Das “Eckehardter Modell“, als implementiertes Evaluationsforschungsprojekt in der Jugendhilfe Eckehardt (Ebeling 2002), spiegelt für Jugendwohngemeinschaften genau so positive Ergebnisse wieder (vgl. Kapitel 4).

3 Ressourcen- und Lösungsorientierung als Ansatz in der alltäglichen Arbeit

3.1 Fokus der Betrachtung im Mikrokosmos der alltäglichen Arbeit als MitarbeiterIn in Jugendwohngemeinschaften

Die Professionalität im Hilfeplanverfahren begründet sich durch eine objektive Verfahrensqualität, basierend auf einer hohen Fachkompetenz der in der freien und öffentlichen Jugendhilfe tätigen Akteure. Das Hilfeplanverfahren bildet den Schlüssel für die Ausgestaltung einer individuell am jeweiligen Bedarf der Klienten orientierten Erziehungshilfe. Die Konzeptionsvorlage des WohnGemeinschaftenVerbundes manifestiert somit auch therapeutische Hilfsangebote als Bestandteil eines im Hilfeplan definierten Arbeitsauftrages.

3.2 Intrarollenkonflikt als MitarbeiterIn im WohnGemeinschaftenVerbund

Der Rollenkonflikt zwischen dem/der externen BeraterIn und dem/der InsiderIn, der/die eine große Verantwortung für Prozesse in der Gruppe und dem damit verbundenen erzieherischen Auftrag trägt, tritt immer häufiger auf. Dieser Intrarollenkonflikt[7] wird in den einzelnen Beratungsgesprächen immer bewusster erlebt. Die Sichtweise, "ich weiß ja besser, was der/die KlientIn braucht und denkt", verbunden mit einer großen Fürsorge sowie der intensiven Beziehung zu dem/der KlientIn, potenzierten dieses Verhalten zusätzlich. Dieser Prozess, basierend auf dem bisherigen Erfolg in der alltäglichen Arbeit, spannt die Notbrücke zu eigenem alten und bewährten

7 Intrarollenkonflikt: innerhalb eines Individuums ablaufender Rollenkonflikt durch verschiedene Rollenanforderungen an sich selbst.

Verhaltensmustern und lässt alle anderen neuartigen Lösungsansätze sehr krampfhaft und statisch erscheinen (Rollenselbstbild).

Abbildung: Rollenselbstbild

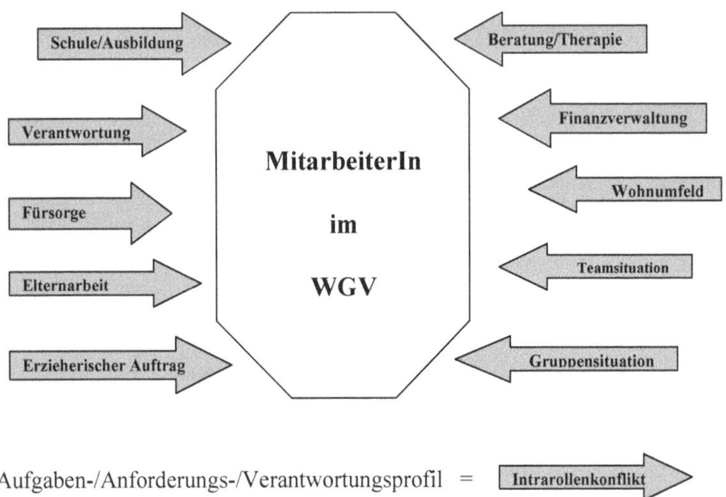

Aufgaben-/Anforderungs-/Verantwortungsprofil = Intrarollenkonflikt

Diese Abbildung verdeutlicht das große Spannungsfeld im Rollenselbstbild als MitarbeiterIn im WGV. Der Spannungsbogen von der Verantwortung für viele einzelne Aufgaben und Prozesse bis zur Beratung/Therapie mit dem Anspruch auf Eigenverantwortung des/der KlientInnen ist unendlich groß. Der entstandene Intrarollenkonflikt prägt das Verhalten in diesen Beratungssituationen.

Die Tatsache, dass die Strukturen als relativ stabile Muster von Rollen und Beziehungen aufrechterhalten werden, muss nicht heißen, dass diese Strukturen sich nicht ändern. Organisationen ändern sich und passen sich an wandelnde Bedingungen an. Solche Veränderungen können in fast unmerklichen aber auch schmerzhaften Schritten vor sich gehen. Sie resultieren oftmals aus sich verändernden Handlungen und Beziehungsmustern. Aufgrund vielfacher Einflüsse gleicht nicht eine Handlung eines oder mehrerer OrganisationsmitgliederInnen auch noch nach Jahren der anderen. Einstellungen, Erfahrungen, KollegenInnenbeziehungen, Arbeitsgegenstände, Instrumente, Informationen und vieles mehr ändern sich. Es kann aber auch durch Konflikte, Eintritt von größeren Zahlen neuer OrganisationsmitgliederInnen, neue Arbeitsverfahren usw. auch zu schnellen Wandlungsprozessen kommen (vgl. Girschner 1990).

3.3 Kommunikatives Handeln

Als weiterer wichtiger Aspekt ist Erziehung und Lernen als kommunikatives Handeln (kommunikative Didaktik)8 zu nennen. Im kommunikativen Handeln wird die Beziehungsseite (die Gefühlsebene) der erzieherischen Kommunikation und damit auch die Eigengesetzlichkeit des/der KlientIn, als eine Art „Kommunikationsgemeinschaft" dargestellt. Hier meint die Kommunikation weit mehr als nur das Reden. Wir kommunizieren schon durch das, was wir sind, nicht erst durch das, was wir sagen oder tun. Das Sprechen über Inhalte, ist gleichsam die Spitze des Eisberges, der darunter aus verschiedenen Schichten grundlegender (konstitutiver) Kommunikation besteht. Zu dieser grundlegenden Kommunikation gehören zum einen alle Ausdruckserscheinungen (Stimme, Gestik, Mimik), zum anderen die zwischenmenschlichen Gefühlsbeziehungen sowie die sozialen Positionen mit ihren Rollenbeziehungen. Alle diese Formen grundlegender Kommunikation prägen unsere erkennbaren sozialen Beziehungen und das so genannte Schubladendenken/Kastendenken entsteht. Ein junger Mensch, der über einen langen Zeitraum in einer gemeinsamen Betreuungssituation lebt, bekommt durch den/die MitarbeiterIn eine bestimmte Rolle/Fähigkeit/Ressource

8 Kommunikative Didaktik: geht davon aus, dass erzieherisches Handeln in der ersten Linie und im Wesentlichen kommunikatives Handeln ist. Es hat seinen Zweck nicht in irgendwelchen abgefragten Ergebnissen, sondern es ist ausgerichtet, Spontaneität zu wecken und Verständnis über menschliche Bedürfnisse anzubahnen (Martin 1989, S.31).

zugewiesen. Die für den/die BeraterIn nötige Offenheit und Distanz zum Klienten ist dann nicht ausreichend vorhanden (vgl. Martin 1989). Korreliert wird dieser Prozess durch die im gegenseitigen Transfer erlernten und gewünschten Erwartungen der jungen Menschen an eigene Reaktionen im gemeinsamen Kontext.

Die im eigenem Rollenselbstbild manifestierte Verantwortung/Fürsorge für den Klienten sowie die Prozesse seiner Entwicklung („Verselbstständigung"), lassen MitarbeiterInnen paradoxer Weise zu Akteuren werden, die glauben alle Fäden in der Hand zu halten; die wissen, wie es geht und als Regisseure, bedingt durch ihre prognostischen Vorahnungen und eigene Erfahrungen als kompetente HelferInnen, ihre KlientInnen zu unmündigen Geschöpfen werden zu lassen. Die intensive Beziehung zu den Jugendlichen in der Gruppe lässt die notwendige Distanz und Offenheit für die Beratung noch nicht zu und wird durch die im Gruppenprozess wirkenden Machtstrukturen verstärkt.

3.4 Machtbeziehungen

In jeder Machtbeziehung lässt sich danach fragen, auf welchen Grundlagen oder Ressourcen die Macht beruht. Ich werde sieben Kategorien unterscheiden: Zwang, Belohnung, Legitimation, Identifikation, Sachkenntnis, Information und situative Kontrolle. Diese Kategorien machen deutlich, dass mit Ressource mehr gemeint ist als der Zugriff auf bestimmte materielle oder kognitive Mittel. Ich kann zwar Gewalt, Geld, Amtsautorität und Expertentum einsetzen um Macht auszuüben, „es bedarf aber eines Gegenübers, das sich diesen Machtgrundlagen unterwirft, und dies ist nur in extremen Fällen ein völlig willenloser Akt. Eine bestimmte Ressource wird also nur insofern zur Machtgrundlage, wie sie eine Wirkung beim Gegenüber zeigt. Eine Typologie von Machtgrundlagen ist daher dadurch gekennzeichnet, dass sie erst einmal nicht die Vielzahl von psychologischen Faktoren berücksichtigen kann, die in Interaktionen Ressourcen erst wirksam werden lassen" (König 1998, S. 26).

Um diese unterschiedlichen Machtgrundlagen auf unser Arbeitsfeld zu beziehen, kann man auch die "Typologie der Macht" nach French und Raven (vgl. French 1977) zitieren und unterscheiden nach:

- der ***Legitimationsmacht***

  - ist die Macht, die mit der Position des Führers innerhalb einer Gruppe oder Organisationshierarchie verbunden ist; z. B. Entscheidungs- oder Vollzugsmacht

- die ***Belohnungsmacht***

  - durch die Fähigkeit des Gruppenführers, für gute Leistungen spezifische, ökonomische oder psychologische Belohnungen zu verteilen

- ***Macht die sich auf Zwang und Druck stützt***

  - basiert auf Furcht, die daraus resultiert, dass eine Nichterfüllung der Erwartungen des Führers zur Bestrafung oder einer anderen Form unerwünschter Ergebnisse führt

- ***Expertenmacht***

  - resultiert aus den wahrgenommenen und praktizierten, relevanten Fähigkeiten und Expertisen und aus der Fähigkeit des Führers, Situationen und Aufgaben, mit denen die Gruppe beschäftigt ist, zu analysieren und zu kontrollieren

- die ***Referenz - und charismatische Macht***

  - basiert auf einer Identifizierung der Geführten mit ihrem Führer und ergibt sich aus der persönlichen Anziehungskraft, dem Charisma des Führers

Die oftmals so simple Methodik sich auf das wesentliche zu beschränken und offen für die Eigenressourcen der KlientInnen zu sein, wird durch einen

Gesprächsstil, der junge Menschen entmündigt und Beratungsgespräche ergebnisorientiert in eine „eigene“ bestimmte Richtung lenkt, verhindert. Als Konsequenz wird transparent: der/die MitarbeiterIn lebt und arbeitet in diesen gemeinsamen Prozessen verantwortlich weiter und kann in den einzelnen Beratungssequenzen nicht distanziert zum/zur KlientIn auftreten. Die Gesamtverantwortung bleibt bei dem/den MitarbeiterIn und dieser Prozess stigmatisiert den im vorherigen Abschnitt behandelten Intrarollenkonflikt.

3.5 Mitmensch und Interaktionspartner

Jeder Mensch ist, um seine Bedürfnisse zu befriedigen, nun aber auch abhängig von anderen Menschen, mithin zugleich Mitmensch und Interaktionspartner in einem bestimmten kulturellen und sozialen Kontext. Er ist somit in einem bestimmten informellen wie auch formellen Beziehungsnetz eingebunden. Art und Ausmaß der Teilnahme sind nicht nur durch die individuelle Ausstattung, sondern auch durch seine soziale Position in diesem Beziehungsnetz mitbestimmt. Das heißt mit anderen Worten, dass materielle Defizite mit erkenntnisbezogenen, erkenntnisbezogene mit solchen des Ich- oder Umwelt-Bildes (Identität), Identitätsbeeinträchtigungen mit solchen des Handelns sowie der Beziehungsfähigkeit als auch des Beziehungsnetzes einhergehen können. Gelingt es den Individuen nicht, ihre Ausstattung und gesellschaftliche Position zu verbessern, kann ein sich „sich selbst-stabilisierendes“ und je nachdem „sich positiv verstärkendes System“ von Ausstattungsdefiziten entstehen. Das Ausmaß lässt Schlüsse auf den sozialen Isolations- bzw. (Des-)Integrationsgrades zu. Das ist zunächst eine rein quantitative Größe (vgl. Staub-Bernasconi 1994, S. 20).

Bei Kögler (1976, 31ff.) finden wir beispielsweise folgende empirische Ergebnisse über Merkmale von Randständigen:

- ***Sozialökologische und sozioökonomische Ausstattung***: Einkommensschwäche, unterdurchschnittlicher Vermögensbestand, niedriges Niveau der Ausstattung mit langlebigen Konsumgütern, unterdurchschnittliche qualitative und quantitative Wohnversorgung, Unterversorgung mit Infrastruktureinrichtungen, niedrige Schulbildung/fehlender Schulabschluss, geringe berufliche Qualifikation/niedriger beruflicher Status, defizitäre (Aus-)Bildung, Fortbildungsmöglichkeiten und -chancen, unzureichende Integration in den Produktionsprozess;

- ***Ausstattung mit Erlebnisweisen/Erkenntniskompetenzen***: Resignation und Apathie, Normenkonflikte/geringe Verbindlichkeit allgemein anerkannter Normen, eingeschränkte Perzeption der sozialen Umwelt, geringe psychosomatische Kompetenzen zur Bewältigung komplexer Situationen;
- ***Ausstattung mit Deutungsmustern:*** Gegenwartsorientierung und Verkürzung der Zeitperspektive, dichotomes Gesellschaftsbild, Existenz überdurchschnittlich ausgeprägter Entfremdungssyndrome;
- ***Ausstattung mit Handlungsweisen/Handlungskompetenzen***: Dominanz von affektiv gesteuertem gegenüber instrumentell-rationalem Verhalten, eingeschränkte familiale Sozialisations- bzw. Erziehungskompetenzen;
- ***Ausstattung mit sozialen Beziehungen/Mitgliedschaften***: Individuelle Isolation, unterdurchschnittliche Partizipation.

Diese und weitere Befunde lassen sich in zahllosen Studien über Arme, Drogenabhängige, Gewalttätige, psychisch Kranke und straffällige Jugendliche nachweisen.

3.6 Transkription eines Beratungsgesprächs

Die Transkription eines Beratungsgesprächs ist einerseits für die lösungsorientierten Ansätze des/der BeraterIn und andererseits für die Kontextbedingungen, als spannende Reflexionsgrundlage der unterschiedlichen Dialektik zu bewerten. In letzter Konsequenz ergibt sich die Fragestellung:

- wie bearbeite ich das vorher erfahrene
- in wieweit gehe ich auf die vorher gehörten und wahrgenommenen Einwände und Erläuterungen der/des KlientIn ein?

Gelingt es dem/der BeraterIn mit der entsprechenden Fragetechnik ausgestattet:

- wohl formulierte und kurze Redesequenzen zu beachten,
- die Auftragsformulierung deutlich zu erkennen,
- kleine Teilziele zu bearbeiten,
- keine Schlichterfunktion zu übernehmen,
- auf den Sinn des gesprochenen Wortes zu achten,
- die Sprachebene des/der KlientIn zu finden und zu treffen und
- eine Reflexion der Ergebnisse vorzunehmen.

Spannend und lehrreich ist insbesondere die erforderliche Nachbereitung der Transkription, um eigene ungeschickte Verhaltensweisen transparent werden zu lassen. Eigene Lösungsansätze der/des KlientIn könnten nicht deutlich und somit dem/der KlientIn als positive Bewältigungsstrategie bewusst geworden sein. Es bedarf einer mehrjährigen Praxis und Auseinandersetzung mit solchen lösungsorientierten Ansätzen, um in einem Beratungsgespräch situative Lösungsansätze sicher erkennen und anwenden zu können.

3.7 Ansätze der lösungsorientierten Beratung

Es muss gelingen den Fokus auf den Mikrokosmos der alltäglichen Arbeit zu reduzieren und die Konflikte und Anforderungen an den/die MitarbeiterIn des WGV in den einzelnen Beratungssequenzen auszublenden. So wird deutlich, dass nicht die gesamten Anforderungen an den/die MitarbeiterInnen des WGV mit lösungsorientierten Mitteln erfüllt werden können. Dieser Kontext vermittelt, dass Ansätze der lösungsorientierten Beratung wichtige neue

Bestandteile des Wissens- und Handlungsspektrums professioneller MitarbeiterInnen in Berufsfeldern der sozialen Arbeit darstellen. Getreu dem Motto "Learning by doing" wurden so einzelne lösungsorientierte Beratungsgespräche geführt und dabei kleine Anfangserfolge erzielt. Dieses ermutigt uns mit dem neuen Repertoire ausgestattet, klientenorientiert sowie lebensweltorientiert, aber trotz alledem weiterhin verantwortlich und erfolgreich zu handeln.
Mit einem entsprechenden Methodenrepertoire und einer Neuorientierung von der individualisierenden, problemfokussierenden Sichtweise hin zu einer systemisch-ganzheitlichen Sichtweise können derartige Prozessdynamiken frühzeitig erkannt und in die Arbeit einbezogen werden.

Um diese Methodik im Jugendamt und in den Einrichtungen umzusetzen, muss zunächst die zuständige Fachkraft im doppelten Sinne kompetent sein:

- sie muss über die pädagogische Kompetenz verfügen, d. h. ihr muss ein entsprechendes Methodenrepertoire zur Verfügung stehen, um eine Hilfe zu ermöglichen, die die divergierenden Vorstellungen der Hilfesuchenden einbezieht und diese zur Mitarbeit motiviert und
- sie muss Entscheidungskompetenz haben durch deutlich auf diese Sachebene verlagerte Verantwortlichkeitsstrukturen.

Die erste Phase der Problemerkennung und -klärung ist meist überlagert: bei den Betroffenen durch das Erleben der Krisensituation, bei den Fachkräften durch die Schwierigkeit, fremde Situationen und Problemzusammenhänge umfassend zu erfassen, dies - aufgrund der Krisensituation - häufig unter dem Gefühl des Zeitdrucks. Somit ist es in dieser Phase ausgesprochen schwierig, die vielschichtigen Sichtweisen bezüglich eines Problems wahrzunehmen, b.z.w. zu erkennen, in welchem Bezug es zum Familiensystem steht, um daraus zu schließen, welche Hilfe effektiv sein könnte.

Um in einer solch schwierigen und komplexen Situation zur Gewährleistung guter Qualität in der Hilfeleistung effektiv zu arbeiten, ist

Betroffenenbeteiligung eine wesentliche Ressource. Nur durch sie kann nach Möglichkeiten der schnellen Krisenintervention gesucht werden, das Umfeld des Problems abgeklärt werden. Darüber hinaus deuten psychologische Erkenntnisse darauf hin, dass es kaum effektiv ist, von richtigen oder falschen Maßnahmen zu sprechen, dass es vielmehr nur sinnstiftend ist, darüber zu reflektieren, was für die Betroffenen momentan annehmbar und machbar ist. Dies lässt sich nur in engem Kontakt und in einer ernsthaften Aushandlung mit den Betroffenen herausfinden. Vielfältige Erfahrungen und Untersuchungen in der Psychotherapie lassen erkennen, dass Nichtbeteiligung, Abwehr oder Blockaden ein ernst zu nehmender Hinweis darauf sind, dass die Formen der Beteiligung für die Betroffenen nicht erkennbar waren und die Hilfeformen für sie aus diesem Grund nicht akzeptabel sind. Bezüglich der Hilfeplanung werden diese Blockaden meist erst im weiteren Verlauf sichtbar, d. h. dann, wenn z. B. bereits eine stationäre Unterbringung eingeleitet wurde. Wurde die Einleitung und Planung der Hilfe nicht evaluiert, ist es höchst wahrscheinlich, dass eine nicht zufriedenstellende Hilfeleistung der Einrichtung angelastet wird. An dieser Stelle könnte die Nachbesserung von Fehlern aus der Anfangsphase notwendig werden, ohne dass sie als solche wahrgenommen wird.

3.8 Praxisbedingungen

In seiner Praxis erlebt der/die SozialpädagogIn politisch-gesellschaftliche Bedingungen häufig als widrige Zufälle, die verhindern, dass sich eine gut gemeinte Planung verwirklichen lässt. Die sozialpädagogische Praxis hängt nicht nur von ihm/ihr ab; auf welche Widerstände er/sie stößt, welche Gegenkräfte er/sie wachruft, hängt auch von den „Randbedingungen" seines/ihres Arbeitsfeldes ab – die im gesellschaftlichen Leben oftmals Hauptbedingungen sind. Die sozialpädagogische Didaktik stößt an eine sachliche notwendige Grenze, wenn es um das zwischenmenschliche Handeln mit den zu Erziehenden geht. Diese Beziehung kann und darf nicht vollkommen der Planung unterworfen werden.

Soweit das pädagogische Handeln im zwischenmenschlichen Umgang besteht, hat es im Wesentlichen die gleiche Struktur wie menschliches Handeln überhaupt: mein Handeln begegnet dem Handeln des anderen. Ich stoße auf Situationen, über die ich nicht vollständig verfügen kann, wenn ich den anderen als Partner ernst nehme. Will ich jemanden erziehen, muss ich erst einmal wissen, wer er ist. Dieses Wissen erlange ich aber nur, indem ich in Erfahrung bringe, wer er war und ob er das selbst sein will, was ich mir für ihn vorstelle. Ein/eine SozialpädagogIn, der/die meint, mit seiner Planung das zukünftige Geschehen in der Gruppe umfassend festgelegt und gedanklich vorweggenommen zu haben, hat seine/ihre Arbeit gründlich missverstanden. Es ist zu befürchten, dass er/sie gerade aufgrund dieser missverstandenen Planung wichtige Anlässe zu spontanem Handeln übersehen wird. Die menschliche Existenz schrumpft dabei zusammen auf einige wenige gelernte Reaktionen in einem vorgegebenen System. Gute, lebendige didaktische Arbeit „nährt" sich jedoch aus der Kommunikation mit der/den Gruppe/Gruppenmitgliedern.

Die Tendenz, KlientInnen zu entmündigen und mit ihnen in ihrer eigenen Wahrheit leben und arbeiten zu wollen, muss sich Schritt für Schritt, ohne die bisherigen Arbeitserfolge zu vernachlässigen, ändern. Erste Unterschiede/Erfolge im Arbeitsstil/Beratungsstil werden in der täglichen Arbeit deutlich.

4 Evaluationsforschung in Jugendwohngemeinschaften

4.1 Vorannahmen und grundlegende Prämissen der Erhebung

Seit Mitte 1999 hat die Qualitätszirkelarbeit in allen Teams und Gremien des Fachbereichs Erziehungshilfen begonnen. Die Qualitätsmatrix des Fachbereichs bildet die Grundlage für die Qualitätsentwicklung. Inhaltlich haben solche Maßnahmen viele Namen: ob sie als Zertifizierungsverfahren, Beschreibung von Kundenpfaden, Einführung von Qualitätsbeauftragten, Qualitätszirkel, interne Planungsgruppe, externe Beratung oder anders eingesetzt werden, ist hier sekundär und eine rein pragmatische Frage. Ihr gemeinsames Ziel ist immer die Stärkung der Fähigkeiten zur Selbst- und Fremdbeobachtung durch organisatorische Maßnahmen, so dass es sich um Selbst- und Fremdevaluation im weitesten Sinn handelt. Diese Selbst- und Fremdbeobachtung kann als zweiter Kernprozess des Qualitätsmanagements bezeichnet werden. Es liegt die Versuchung nahe festzustellen: „Mit dem ersten Prozess, dem Leitbild, wird das „Soll“ festgeschrieben und mit dem anderen, dem zweiten Kernprozess, das „Ist“ (vgl. EREV 3/2000).“

Eine thematisch neue Dimension der Qualitätsentwicklung gründet sich im Fachbereich Erziehungshilfen auf die mit dem öffentlichen Träger abgeschlossenen Zielvereinbarungen. Im Eckehardter Modell (vgl. Ebeling; 2002) soll als Standardentwicklung im Hinblick auf das Qualitätsmanagement der Jugendhilfe Eckehardt die pädagogische Praxis durch Kundenbefragungen evaluiert werden.

Zur Erläuterung der Konzeption und Anlage der hier vorliegenden Untersuchung, muss zunächst auch das Konzept einer lebensweltorientierten Sozialen Arbeit, als ein theoretisches Bezugsfeld der Erhebung dargelegt werden. Dieses bildet die Grundlage für wesentliche, im Leitbild der Einrichtung verankerte, Leitziele, um Hypothesen zum Gelingen von Hilfeangeboten und zu Prämissen der Erfolgsbewertung herausarbeiten zu können. Der Evaluationsansatz der vorliegenden Erhebung ist als Qualitätsentwicklungsprozess zur Veränderung des Leistungsprofils vereinbart worden. Zur Beurteilung des gesamten Leistungsspektrums erzieherischer Hilfen ist eine Kombination der unterschiedlichen Perspektiven im Blick auf das Leistungsangebot notwendig. So vernetzt die Erhebung die summative Zusammenschau dieser Einzelfallbilanzierungen und lässt Aussagen über das spezifische Angebot zu. Sie zielt darauf ab, den expertokratischen oder administrativen Blickwinkel auf den Hilfeverlauf um die subjektive Bewertung der AdressatInnen der Hilfe zu erweitern. Wie bewerten die Betroffenen selbst die Hilfeangebote, die „Qualität“ der erhaltenden Unterstützung, die Möglichkeiten der Mitgestaltung und der Mitsprache? Letztendlich wie bewerten sie, was ihnen die Hilfe „gebracht“ hat. Die Einbeziehung der Klientenperspektive wird dabei als wichtige und zentrale Ressource der Weiterentwicklung einer dienstleistungsorientierten Jugendhilfe genutzt. Sie ermöglicht damit die im Untersuchungsdesign intendierte Gegenüberstellung und Spiegelung der professionellen und subjektiven Wahrnehmungsweisen.

Im einrichtungsinternen Diskurs konnten gemeinsame Bewertungskriterien festgelegt werden, die als Basis zur Überprüfung des Standards der Leistungsqualität der Erziehungshilfe Anwendung finden. Es ist dabei zu berücksichtigen, dass sowohl die professionellen, als auch die subjektiven Wahrnehmungen Selektionen und Verzerrungen unterliegen. Es muss jedoch die Bestimmung dessen, was sowohl aus der professionellen, als aus subjektiver Sicht als erfolgreich und gelungen definiert wird, ernst genommen und als Wirklichkeit der einzelnen am Hilfeprozess Beteiligten verstanden werden. Jenseits dieser vorerst oft nur programmatisch zu führenden Argumentation liegen hier aber auch Forschungsergebnisse vor, die für die Entwicklung der Qualitätsdimensionen und –kriterien hilfreich erscheinen. Eine erste Bilanzierung der Befunde lässt sich zu einem Anforderungsprofil für eine modernere Gestaltung des Fachbereichs Erziehungshilfen bündeln.

4.1.1 Vorannahmen und grundlegende Prämissen der Erhebung

Hier sollen die wichtigen Vorannahmen, die sowohl die Konzipierung, Planung und Durchführung der Erhebung, sowie die Auswertung der Untersuchungsergebnisse beeinflusst haben, erläutert werden. Nach Abschluss des Evaluationsvorhabens muss ihr tatsächlicher Einfluss auf das Gelingen von Hilfeangeboten überprüft werden. Basierend auf dem Leitbild der Einrichtung und der in der Qualitätsmatrix definierten Schlüsselprozesse gilt es zur Weiterentwicklung des Qualitätsmanagement der Einrichtung zu prüfen, ob erzieherische Hilfen dann gelingen bzw. in solchen Fällen gelingen, wenn:

- die Partizipation der jungen Menschen groß ist,
- ein/eine MitarbeiterIn von dem jungen Menschen als durchsetzungsfähig wahrgenommen wird,
- ein junger Mensch sich in der Betreuung geschützt/geborgen fühlt,
- der junge Mensch sich in der Betreuung weniger einsam/isoliert fühlt,
- mehr direkter Kontakt zwischen dem/den MitarbeiterInnen und dem jungen Menschen besteht,
- die Betreuung durch den jungen Menschen als gerecht empfunden wird,
- der Alltag des jungen Menschen strukturiert ist,
- die Kooperation zwischen unserer Einrichtung und dem Jugendamt optimal ist,
- die Organisationsstruktur der Einrichtung professionell ist,
- die Beteiligung der Eltern groß ist,
- die Hilfeplanung realistisch/konkret ist,
- der Aufnahmeprozess effektiv ist,
- weniger Wechsel in der jeweiligen Lebenssituation stattgefunden haben,
- und die bei allen wahrgenommene Kompetenz der MitarbeiterInnen der Einrichtung groß ist.

Einige Grundlegende Prämissen zur Gestaltung, Konzipierung und Durchführung eines Evaluationsvorhabens, neben diesen eher inhaltlich begründeten Annahmen zum Gelingen erzieherischer Hilfen, lassen sich aus dem bestehenden Qualitätsmanagement des Fachbereichs Erziehungshilfen aufzeigen. Die folgenden unterschiedlichen Blickrichtungen bilden die Grundlage für das Forschungsdesign der vorliegenden Evaluationsstudie:

a) Alltags- oder entwicklungsspezifische Blickrichtung

Die jungen Menschen können zu der Forderung nach mehr Transparenz und Verbindlichkeit in fachlichen Ansprüchen und den praktischen Verfahrensabläufen sowie zur weiteren umfassenden Qualitätsentwicklung in der Erziehungshilfe Stellung beziehen. Dies berücksichtigt, dass die Qualität der Dienstleistung „Jugendhilfe" unter Einbeziehung der Leistungsberechtigten, die inzwischen im Fachjargon als „Koproduzenten" bezeichnet werden, mitverantwortet wird. Somit werden die Ansprüche von jungen Menschen nach den Aspekten der Lebensweltorientierung und auch im Sinne der Kunden- oder Adressatenorientierung konsequent integriert. Die Ergebnisse und Prozesse können professionell ausgewertet und auch dokumentiert werden. Für Adressaten der Dienstleistung wird hier eine höhere Beteiligung im Prozess der Maßnahmeplanung und –durchführung eingeräumt, um einen größeren Schutz vor unqualifizierten Interventionen durch Qualitätsentwicklungsverfahren zu gewährleisten. Es handelt sich hierbei um die im betreffenden Betreuungsbereich erlebte Zufriedenheit sowie jeweils der Alltagssituation und dem Entwicklungsgrad des jungen Menschen entsprechende subjektive Einschätzung der Struktur-, Prozess- und Ergebnisqualität.

b) Sozial- oder schichtspezifische Blickrichtung

Um ein Qualitätsverständnis zu definieren, in dem die jungen Menschen und ihre Familien im Mittelpunkt stehen, sollen die Eltern/Sorgeberechtigten der jungen Menschen aktiv an der Gestaltung der Lebensverhältnisse in der Erziehungshilfe mitwirken. Die Nutzung ihrer vorhandenen sozial- oder schichtspezifischen Ressourcen, ihre subjektiv erlebte Zufriedenheit sowie die auf sozial- oder schichtspezifischer Einschätzung basierende Bewertung der

Struktur-, Prozess- und Ergebnisqualität, kann auch im Sinne von Kunden- oder Adressatenorientierung konsequent integriert werden. Die Ergebnisse und Prozesse können professionell ausgewertet, dokumentiert und zur Standardentwicklung im Qualitätsmanagement genutzt werden.

c) Expertokratische oder administrative Blickrichtung

Die Leitidee einer „lernenden Organisation“ erfordert eine fehlerfreundliche Kultur. Um die Qualitätsentwicklung im Dialog zu gestalten, bedarf es eines Prüfverständnisses, dass die Weiterentwicklung der Qualität zum Ziel hat. Dieser dynamische Prozess muss berücksichtigen, dass die Qualität der Jugendhilfe von freien und öffentlichen Trägern unter Einbeziehung aller Beteiligten gemeinsam verantwortet wird. Es ist mehr Transparenz und Verbindlichkeit in den fachlichen Ansprüchen und praktischen Verfahrensabläufen zu gewährleisten. Die Fachkräfte in den Einrichtungen und Diensten sollen durch dieses Qualitätsentwicklungsverfahren wichtige Rückmeldungen zur subjektiv erlebten Struktur-, Prozess- und Ergebnisqualität geben und durch den Blick von „außen“ die Evaluation des Qualitätsmanagements kritisch begleiten. So kann eine Verbesserung der Transparenz der Arbeitsziele, der internen und externen Kommunikation und die Weiterentwicklung der Kompetenzen im Dialog erfolgen.

Bei der Konzipierung der vorliegenden Erhebung waren diese drei Blickrichtungen handlungsleitend. Im Folgenden wird ausgehend von diesen Grundannahmen und den Prämissen des Qualitätsmanagements des Fachbereichs Erziehungshilfe der Evaluationsansatz erläutert.

4.1.2 Der Evaluationsansatz der Erhebung

Die Frage nach der Leistungsqualität, ob erzieherische Hilfen ihrer Intention entsprechend, nämlich ein pädagogisch inszenierter, eigener Erfahrungsraum ist, der Kindern und Jugendlichen die Klärung und Stabilisation ihrer

Verhältnisse ermöglicht, muss genau so untersucht werden, wie die Frage, ob hierbei neue Optionen für ihre Lebensgestaltung aufgezeigt werden können. Bezogen auf die Leistungsqualität wird gemeinhin die Struktur-, Prozess- und Ergebnisqualität unterschieden (vgl. Kröger 1998), wobei als ein wichtiges Merkmal der Ergebnisqualität das subjektive Wohlbefinden der Leistungsberechtigten zu bezeichnen ist (vgl. Münder 1998, S. 589f.). Diese Merkmale der Leistungsqualität beziehen sich sowohl auf den Ertrag für die AdressatInnen als auch auf spezifische Standards professionellen Handelns. Damit können drei Dimensionen einer Überprüfung, deren getrennte Betrachtungsweise nur durch Forschungszwecke legimitiert sind, benannt werden: die Strukturen der Einrichtung, die „Erfolge" für die AdressatInnen und die Prozessmodi.

Die Leistungen der ***Strukturqualität***

Für das Handlungsfeld der Hilfen zur Erziehung nehmen die Leistungen der Strukturqualität in erster Linie Bezug auf die infrastrukturellen Rahmenbedingungen der Einrichtungen. Als unumstrittene Qualitätskriterien wären hier z.B. die Qualifikationsprofile der MitarbeiterInnen, ein stabiles Betreuungssetting, die Ausstattungsstandards, die finanzielle Ausstattung u.v.m. zu nennen (vgl. Merchel 1998, S. 225). Diese allgemeinen konsensfähigen Organisationsstrukturen der Institutionen bilden neben den als ambivalent zu bezeichnenden Merkmalen, die als konzeptionelle Spezifika zu fassen sind, die Merkmale der Strukturqualität. Hier wären als konzeptionelle Differenzen folgende Themenschwerpunkte:

- Positionierung von Spezialdiensten
- Sozialraumorientierung
- Lebensweltorientierung
- Stellenwert der Elternarbeit
- Erlebnispädagogische Spezialangebote
- Entsäulung/Flexibilisierung
- Differenzierung der Angebote

- Ausbildungs- und Schulangebote
- therapeutische Angebote
- Geschlossene Unterbringung

exemplarisch zu nennen.

Die Leistungen der *Prozessqualität*

Die Leistungen, die geeignet erscheinen, ein bestimmtes Ziel zu erreichen werden in der Regel als ***Prozessqualität*** bezeichnet (vgl. Heiner 1996, S. 29). Häufig ist im Allgemeinen das Primärziel (z.B. Rückführung in die Herkunftsfamilie) bekannt, doch das unbestimmte ist die eventuelle im pädagogischen Prozess notwendig gewordene Modifikation (z.B. Verselbstständigung in eine eigene Wohnung) der Primärziele. Beide Ziele stehen gleichberechtigt nebeneinander und der exakte Ausgang und das genaue "Procedere" können nur in wenigen Fällen ex ante genau bestimmbar sein. Als Verfahrensmodi für Prozessqualitäten lassen sich somit nur Transparenz, Partizipation u.v.m. bestimmen und die im Einzelfall spezifische Qualität lässt sich nur aus den jeweils fokussierten Schlüsselprozessen aufzeigen (vgl. Flösser 1999, S. 89).

Die Leistungen der *Ergebnisqualität*

Als ***Ergebnisqualität*** werden jene Dimensionen bezeichnet, die den Grad der Zielerreichung als Erfolg pädagogischer Interventionen messen wollen. Offen bleibt die Frage, ob es in Anbetracht eines komplexen Wirkungsgefüges, wie die Hilfen zur Erziehung, die dem "charakteristischen Mangel an eindeutigen Ursache-Wirkungs-Beziehungen" (Merchel 1998, S. 31) unterliegen, es überhaupt sinnvoll sein kann, dieses zu versuchen, um eine wie auch immer geartete Ergebnisqualität zu fixieren. Bei den Versuchen stellen sich erhebliche Messprobleme ein: " Ob also ein registrierter Effekt auf das Handeln der Organisationen zurückzuführen ist - oder ob andere Faktoren für die Wirkung ausschlaggebend sind - ist nicht eindeutig feststellbar" (Klatezki 1994, S. 60).

Erreichte Ergebnisqualitäten, wie etwa Legalbewährung, Schulabschlüsse, Berufsabschlüsse der Adressaten stellen trotzdem Eckdaten dar, die auf eine gelungene respektiv misslungene Heimerziehung verweisen können. Als ein wichtiges Merkmal der Ergebnisqualität ist das subjektive Wohlbefinden der Leistungsberechtigten zu bezeichnen (vgl. Münder 1998, S. 589f.).

Zur Beurteilung des gesamten Leistungsspektrums erzieherischer Hilfen ist eine Kombination der unterschiedlichen Perspektiven im Blick auf das Leistungsangebot notwendig. So vernetzt die Erhebung die summative Zusammenschau dieser Einzelfallbilanzierungen und lässt Aussagen über das spezifische Angebot zu. Es ist dabei zu berücksichtigen, dass sowohl den professionellen, als auch den subjektiven Wahrnehmungen Selektionen und Verzerrungen unterliegen. Es muss jedoch die Bestimmung dessen, was sowohl in der professionellen sowie subjektiven Sicht als erfolgreich und gelungen definiert wird, ernst genommen und als Wirklichkeit der einzelnen am Hilfeprozess Beteiligten verstanden werden.

4.1.3 Reflexions- und Innovationsphase im Forschungsprojekt

Das Eckehardter Modell, zur Evaluationsforschung in der Jugendhilfe, wurde während der Reflexionsphase modifiziert und es konnten neue Untersuchungsbereiche adaptiert werden. Im Rahmen unseres Kooperationsprojektes mit der Universität in Bielefeld, entwickelten Studenten und Studentinnen der Projektgruppe im Sommersemester 2001 und im Wintersemester 2001/2002, in Absprache mit der Fragebogen AG der Einrichtung, die eingesetzten Forschungsinstrumente weiter.

Handlungsleitend für die Weiterentwicklung waren:

- die Ergebnisse der ersten Auswertung
- die Erkenntnisse der ersten Rückmeldung
- die Rückmeldungen der jungen Menschen
- die Rückmeldungen der Sorgeberechtigten

- die Rückmeldungen der Jugendämter
- die Rückmeldungen der Interviewerin

Aus der Reflexions- und Innovationsphase sind folgende wesentlichen Modifizierungen im Forschungsabschnitt 2002 zu skizzieren:

- Sensibilisierung der Antwortkategorien (Freizeitverhalten, Beschwerdemanagement, Schutz der jungen Menschen usw.).
- Differenzierung der Wohnsituation (Einzelwohnen usw.)
- Spezifischer Fragebogenteil zur Veränderung oder Beendigung der Maßnahme.
- Implementierung weiterer Indikatoren zur Ergebnisqualität (Legalbewährung, Schul- oder Ausbildungsabschluss, Selbstständigkeit usw.).
- Verzicht auf Kontrollfragen im Jugendamtsfragebogen
- altersspezifische Forschungsinstrumente für die Kinder und Jugendlichen der Tagesgruppen.
- einen Elternfragebogen für Tagesgruppen.
- es werden die Kinder und Jugendlichen, die Eltern/ Sorgeberechtigten und die Fachkräfte des Jugendamts der in den Tagesgruppen betreuten jungen Menschen befragt.

4.2 Anlage und Durchführung des Eckehardter Modells

4.2.1 Anlage der Erhebung

Der Fachbereich Erziehungshilfen intendierte mit der im Qualitätsdialog vereinbarten Erhebung eine Standardentwicklung im Hinblick auf das Qualitätsmanagement der Jugendhilfe. Dies erfordert eine Untersuchungspopulation gemäß der in der Qualitätsentwicklungsvereinbarung getroffenen Kundenbefragung. Für die ersten

Untersuchungsabschnitte wurde vom Auftraggeber der Untersuchungsgegenstand vorgegeben.

Auf die Notwendigkeit des Untersuchungsdesigns, das einen Zugang zur professionellen Wirklichkeit ermöglicht und auch die subjektive Beurteilung der erfahrenen Hilfe aus Sicht der Betroffenen zulässt, wird verwiesen. Um dieser zentralen Anforderung zu entsprechen, teilt sich die Untersuchungskonzeption in drei Abschnitte auf:

1. Zwei standardisierte Befragungen junger Menschen hinsichtlich ihrer subjektiven Bewertung der erfahrenen Hilfe (in der Wochen-/Tagesgruppe nur eine standardisierte Befragung).
2. Eine standardisierte Befragung der Eltern/Sorgeberechtigten hinsichtlich ihrer subjektiven Beurteilung der Hilfe.
3. Eine standardisierte Befragung der Fachkräfte des Jugendamts hinsichtlich ihrer subjektiven Beurteilung der Hilfe.

Das ursprüngliche Untersuchungsdesign sah vor, alle jungen Menschen sowie ihre Eltern/Sorgeberechtigten und die Fachkräfte des Jugendamts am Ende der Maßnahme oder bei dem Wechsel in eine andere Maßnahme zu befragen. Mit der gleichwertigen Gegenüberstellung aller drei subjektiven Bewertungen, bezogen auf den gleichen Hilfeverlauf, war ein zusätzlicher Erkenntnisgewinn hinsichtlich der Übereinstimmung und Differenzen zwischen den Wahrnehmungen intendiert.

Eine sehr emotional geführte Debatte, insbesondere über den Zeitpunkt der Befragung, den/die InterviewerIn sowie die Anonymität der Erhebung als kollegiale Prozess begründet den ersten Untersuchungsteil der Erhebung. Um die Ängste der Betroffenen vor Fremdwertung und Ausforschung zu vermeiden, wird die klassische Fremdevaluation zunehmend durch beteiligungsorientierte Formen ersetzt. Denn bei der klassischen Fremdevaluation hat ein externer Spezialist je nach Auftragsumfang und Fragestellung für die gesamte Durchführung eines Evaluationsprozesses verantwortlich gezeichnet. Diese unterstützen die Praxis dabei, z.B. Instrumente zu entwickeln, Daten auszuwerten und zu interpretieren, überlassen ansonsten jedoch die Steuerung den Beteiligten (z.B. Verbreitung

und Umsetzung der Ergebnisse)" (EREV 1998, S. 52). Insofern wird die Selbstevaluation auch als „Qualitätssicherung 'von unten`" (v. Spiegel 1998, S. 351ff.) bezeichnet. So wurde im kollegialen Prozess die Erstbefragung der jungen Menschen in den ersten zwei bis drei Monaten nach der Aufnahme vereinbart. Dies ermöglicht eine prozesshafte Bewertung und Betrachtung von Veränderungen der subjektiven Wahrnehmung der jungen Menschen
Die folgende Abbildung stellt die einzelnen Bestandteile der Studie graphisch dar:

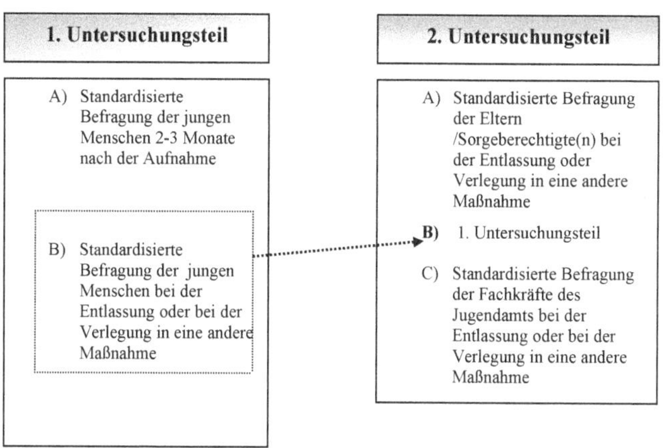

Die standardisierte Erhebung bei den jungen Menschen zu Beginn und am Ende der Maßnahme (ausgenommen Wochen-/Tagesgruppen) stellt den *1. Untersuchungsteil* dar. Ziel dieser Untersuchung ist die prozesshafte Betrachtung der subjektiven Wahrnehmungen der jungen Menschen im Hilfeverlauf. Darüber hinaus liefert die Erhebung mögliche Rückschlüsse auf intendierte Wirkungen des Qualitätsdialogs und es ergeben sich Anzeichen für, sowie mögliche Rückschlüsse auf die durch die jungen Menschen vorzeitig abgebrochenen Hilfeverläufe.

Im *2. Untersuchungsteil* wird durch die standardisierte Erhebung am Ende einer Maßnahme, die Beurteilung des gesamten Leistungsspektrums erzieherischer Hilfen als eine Kombination der unterschiedlichen Perspektiven (junge Menschen, Eltern/Sorgeberechtigte und Fachkräfte des Jugendamts) im

Blick auf das Leistungsangebot möglich. Ziel dieses Untersuchungsteils ist die summative Zusammenschau der Einzelfallbilanzierungen. Sie zielt darauf ab, den expertokratischen oder administrativen Blickwinkel auf den Hilfeverlauf, um die subjektive Bewertung der AdressatInnen der Hilfe zu erweitern. Wie bewerten die Betroffenen selbst die Hilfeangebote, die „Qualität" der erhaltenden Unterstützung, die Möglichkeiten der Mitgestaltung und der Mitsprache? Letztendlich, wie bewerten sie, was ihnen die Hilfe „gebracht" hat? Die Einbeziehung der Klientenperspektive wird dabei als wichtige und zentrale Ressource der Weiterentwicklung einer dienstleistungsorientierten Jugendhilfe genutzt. Sie ermöglicht damit die im Untersuchungsdesign intendierte Gegenüberstellung und Spiegelung der professionellen und subjektiven Wahrnehmungsweisen.

4.2.2 Methodisches Vorgehen und standardisierter Fragebogen

Entsprechend der in der Qualitätsentwicklungsvereinbarung manifestierten Vorgaben und in Absprache mit der Bereichsleitung der Jugendhilfe Eckehardt wurde als Forschungsinstrument ein standardisierter Fragebogen favorisiert. Die Vorteile qualitativer Forschungsmethoden und die Erkenntnismöglichkeiten dieser Ansätze (z.B. Jakob/Wensierski 1997; Grodeck/Schumann 1994) sind zwar nicht von der Hand zu weisen, doch bei der Suche nach der Methode ist es wichtig, das Verständnis- und Erkenntnisinteresse in den Vordergrund zu stellen. Der effizientere Ressourceneinsatz sowie die sehr guten Kenntnisse der vorherrschenden Praxisbedingungen erklären die Methode und begründen den empirisch-quantitativen Forschungsansatz.

Das Forschungsinstrument wurde prozessorientiert (Struktur-, Prozess- und Ergebnisqualität) angelegt und orientiert sich an der Chronologie des Hilfeverlaufs (Schlüsselprozesse) einzelner Situationen und wichtigen einschneidenden Ereignissen. Analog wurde ein Fragebogen für die

Eltern/Sorgeberechtigten und für die Fachkräfte des Jugendamts entwickelt. Die erste Fassung wurde in der Fragebogen AG (Verfasser, Bereichsleiter und Psychologische Abteilung) hinsichtlich der Bewertungskriterien überarbeitet. Es bestand Konsens, die Tagesgruppen der Einrichtung vorläufig auszuklammern, um ihren besonderen Ansprüchen konzeptueller Elternarbeit durch einen veränderten Elternfragebogen gerecht zu werden und für ihre Klientel einen altersspezifischen Fragebogen zu entwickeln. Die überarbeitete Vorlage wurde allen MitarbeiterInnen/Teams vorgestellt. Veränderungswünsche und -vorschläge konnten von den MitarbeiterInnen/Teams in die Gremien der Regional- und Bereichskonferenz eingebracht werden (vgl. v. Spiegel 1998). Nach den letzten Rückmeldungen ist die vorliegende Fassung des Forschungsinstruments in einer abschließenden Fragebogenkonferenz verabschiedet und der Geschäftsführung der Gebal GmbH sowie der MitarbeiterInnenvertretung vorgelegt worden. Der Fachdienst Jugend, Soziales und Wohnen im Bielefelder Jugendamt hat diesem neuen Verfahren als Grundlage für einen zu führenden Qualitätsdialog zugestimmt.

Operationalisierungsfragen:
In der Regionalkonferenz konnten als gemeinsamer einrichtungsinterner Standard Schlüsselprozesse der Qualitätsmatrix als entsprechende Maßstäbe zur Überprüfung der Struktur-, Prozess- und Erfolgsqualität formuliert werden. Diese sind für die drei zu untersuchenden Perspektiven zu operationalisieren.

A) Exemplarisches Beispiel: Operationalisierung der Strukturqualität

Maßstab: Ausstattung und Lage

Merkmal: Ort und Lage der Einrichtung/adressatengemäße Ausstattung der Gruppe/Wohnung

1. Perspektive: junge Menschen

Items: Mein Zimmer oder meine Wohnung war für mich groß genug V011.

Die Ausstattung meines Zimmers oder meiner Wohnung war für mich ausreichend V012.
In einer für mich angemessenen Zeit konnte ich für mich wichtige Treffpunkte erreichen V015a.

2. Perspektive: Eltern/Sorgeberechtigte

Items: Die im Hilfeplangespräch gemachten Angebote der Einrichtung sind eingelöst worden V068.
Ich habe den Eindruck mit dem im Hilfeplangespräch ausgewählten Angebot gut beraten worden zu sein V069.

3. Perspektive: Fachkräfte des Jugendamts

Items: Der Standard der Unterbringung in den einzelnen Wohnformen ist angemessen V094.
Das Angebot stimmt mit der aktuellen Leistungsbeschreibung nicht überein V093.

B) Exemplarisches Beispiel: Operationalisierung der Prozessqualität

Maßstab: Partizipation
Merkmal: die Gestaltung der Hilfe- und Erziehungsplanung /kindgerechte Verfahren

1. Perspektive: junge Menschen

Items: Ich konnte mich an Entscheidungen im Haus/Gruppe beteiligen V019.
Ich konnte die Freizeitangebote mitgestalten V022.
Auf meinen Wunsch hin konnte ich jederzeit mit meinen Eltern Kontakt aufnehmen V024.
Meine Wünsche und Ziele wurden im Hilfeplan berücksichtigt V024a.
Bei wichtigen mich betreffenden Entscheidungen war ich beteiligt V025.
Meine Eltern/Sorgeberechtigten sind an meiner Entwicklung in der Maßnahme interessiert V031c.

2. Perspektive: Eltern/Sorgeberechtigte

Items: Bei wichtigen Entscheidungen wurden wir als Eltern rechtzeitig beteiligt V060.

Von der Einrichtung getroffene Maßnahmen wurden mir ausreichend erläutert V063.

Die MitarbeiterInnen hätten mich mehr einbeziehen müssen V081.

Ich wäre gern weniger einbezogen worden V081b.

3. Perspektive: Fachkräfte des Jugendamts

Items: Der betroffene Jugendliche wurde am Aufnahmegespräch nicht beteiligt V096.

Über wichtige Veränderungen im Betreuungsverlauf wurden die VertreterInnen des Jugendamts rechtzeitig informiert V097.

Bei wichtigen Entscheidungen wurden die VertreterInnen des Jugendamts rechtzeitig beteiligt V098.

Die Einrichtung hat bei Veränderungen gemäß der Hilfeplanung die VertreterInnen des Jugendamts rechtzeitig in Kenntnis gesetzt V100.

C) Exemplarisches Beispiel: Operationalisierung der Ergebnisqualität

Maßstab: Erfolgreiche Maßnahme

Merkmal: Verselbständigung/Zufriedenheit/Einhaltung Hilfeplan

1. Perspektive: junge Menschen

Items: Wo wirst Du wenn du bei uns ausgezogen bist wohnen V010?

1. In deiner eigenen Wohnung.
2. Bei deinen Eltern.
3. In einer anderen Wohnform der Einrichtung.
4. In einer anderen Einrichtung der Jugendhilfe.
5. Sonstiges......................................

In meinem Zimmer oder meiner Wohnung konnte ich mich wohl fühlen V013.
Ich fühlte mich durch die MitarbeiterInnen in der Betreuung geschützt V031.
Ich bin mit der Betreuung zufrieden V031a.
Ich bin selbständiger geworden V031b.

2. Perspektive: Eltern/Sorgeberechtigte

Items: Meine Erwartungen hinsichtlich der Maßnahme sind erfüllt worden V071.
Die angebotene Maßnahme hat in unserem familiären Zusammenleben Erleichterung gebracht V072.
Meine Erwartung, dass sich die Entwicklung unseres Sohnes/Tochter positiv gestaltet hat sich erfüllt V080.
Unser Sohn/Tochter ist selbständiger geworden V082a.

3. Perspektive: Fachkräfte des Jugendamts

Items: Die Einrichtung hat den vereinbarten Erziehungsauftrag gemäß der Hilfeplanung erfüllt V099.
Die Betreuung muss passender und flexibler auf den einzelnen Jugendlichen zugeschnitten werden V109.
Die pädagogische Arbeit unserer MitarbeiterInnen ist nicht zufrieden stellend V112.

Für alle hier genannten Beispiele (außer Variable 10) stehen als mögliche Antwortkategorien

- stimme gar nicht zu, (1)
- stimme eher nicht zu, (2)
- stimme eher zu, (3)
- stimme völlig zu, (4)
- trifft für mich nicht zu, (5)

zur Verfügung.

Die folgende Abbildung verdeutlicht die unterschiedlich zu operationalisierenden Perspektiven, an denen der 2. Untersuchungsabschnitt ansetzt:

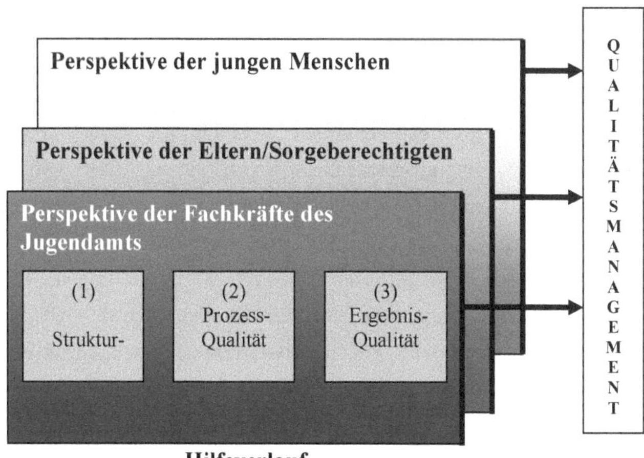

Die hier in der Forschungsanlage getroffene Indikatorenauswahl erfolgte im Bezug zum Leitbild, basierend auf einer lebensweltorientierten Sozialen Arbeit, in Korrelation zur Konzeption der Einrichtung. Für die Begrenzung der Gesamtzahl der Indikatoren sind vor allem praktische Aspekte ausschlaggebend, um so das komplette Verfahren in angemessener Zeit durchführen zu können. Ein zu langes und zu anstrengendes Interview lässt die nötige Konzentration bei den zu interviewenden Personen im Feld schnell nachlassen. Die Erbringung der Dienstleistung ist die eigentliche wertschöpfende Schlüsseltätigkeit der Einrichtung, weil sie sich auf das Wechselspiel einer Vielzahl von Personen bezieht und sie naturgemäß stärker zu differenzieren als das klar umschreibbare Element der Kundenzufriedenheit (vgl. Gerull 1996). Auf die gleiche Anzahl der Indikatoren pro Ebene wird aus Gründen der einfacheren Handhabung und der unterschiedlichen Gewichtung verzichtet, somit ergibt sich bei der Prozessdimension ein relatives

Übergewicht. Je abstrakter und umfassender ein Begriff ist, umso schwieriger ist er im Allgemeinen zu operationalisieren.

Gerull bezeichnet die Schwierigkeit ein Messverfahren und entsprechende dazugehörige Konstanten zu ermitteln sowie die Möglichkeit ein verzögertes Eintreten von Erfolgen zu beobachten und anschließend zu bewerten oder eine Messskala für die Stabilität der Erfolge zu entwickeln, als eine weitere interessante Forschungsaufgabe (vgl. Gerull 1996, S. 95ff.). Trotz der vorher beschriebenen Schwierigkeiten stellt sich weiterhin die Frage, "ob diese Erklärung allerdings ein ausreichendes Argument ist, sich völlig der Legitimationsforderung auf der Ebene des Wirkungsnachweises zu verweigern (...). Zum einen wird man mit einer solchen Argumentation im politischen Raum kaum bestehen können, zum anderen wäre zu fragen, ob die Ausgrenzung der Ergebnisqualität aus der Qualitätsdebatte sich in der Heimerziehung nicht eine wichtige Korrektiv-Größe bei einer selbstkritischen Überprüfung ihres Handelns nähme" (Merchel 1998, S. 253). In diesem Zusammenhang schlägt er weiter vor: „Heimerziehung zumindest auf zwei Ebenen überprüfbarer und darstellbarer zu gestalten, zum einen gelte es den Erfolg von Heimerziehung auf der individuellen Ebene zu rekonstruieren, der Grad des Erreichens von Hilfeplänen wäre hier ein erfolgreicher Indikator zum anderen gelte es den Erfolg von Heimerziehung auf der institutionellen Ebene zu rekonstruieren" (Merchel 1998, S. 254). Hier ist zu konstatieren, dass in einem einrichtungsinternen Diskurs gemeinsame Bewertungskriterien festgelegt werden konnten, um als Basis zur Überprüfung des Standards der Leistungsqualität der Erziehungshilfe angewandt zu werden.

4.2.3 Durchführung der empirischen Erhebung

Nachdem junge Menschen, Eltern/Sorgeberechtigte sowie Fachkräfte des Jugendamts bei Betreuungswechseln im Vorfeld der Untersuchung die standardisierten Teile beantwortet haben und es eine durchgängig positive Resonanz über das Verfahren sowie den Inhalt und den Stil des

Forschungsinstruments gab, konnte nach diesem Pretest, das geplante Forschungsprojekt mit drei Monaten Verspätung, zum 1.6. 2000 beginnen. Studentinnen der Universität in Bielefeld konnten als externe Interviewerinnen zur Durchführung der Interviews gewonnen werden, um so ein hohes Maß an Anonymität und Kontinuität zu gewährleisten. Die folgende Abbildung stellt den Forschungsabschnitt dar:

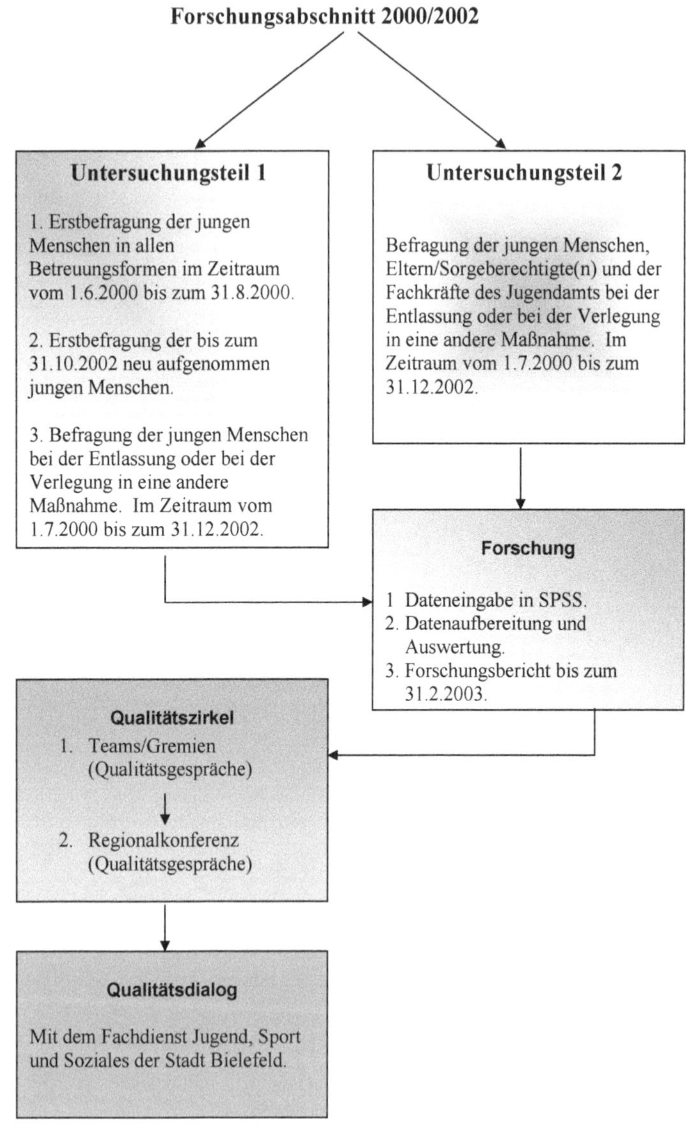
Forschungsabschnitt 2000/2002
Untersuchungsteil 1
1. Erstbefragung der jungen Menschen in allen Betreuungsformen im Zeitraum vom 1.6.2000 bis zum 31.8.2000.
2. Erstbefragung der bis zum 31.10.2002 neu aufgenommen jungen Menschen.
3. Befragung der jungen Menschen bei der Entlassung oder bei der Verlegung in eine andere Maßnahme. Im Zeitraum vom 1.7.2000 bis zum 31.12.2002.
Untersuchungsteil 2
Befragung der jungen Menschen, Eltern/Sorgeberechtigte(n) und der Fachkräfte des Jugendamts bei der Entlassung oder bei der Verlegung in eine andere Maßnahme. Im Zeitraum vom 1.7.2000 bis zum 31.12.2002.
Forschung
1 Dateneingabe in SPSS.
2. Datenaufbereitung und Auswertung.
3. Forschungsbericht bis zum 31.2.2003.
Qualitätszirkel
1. Teams/Gremien (Qualitätsgespräche)
2. Regionalkonferenz (Qualitätsgespräche)
Qualitätsdialog
Mit dem Fachdienst Jugend, Sport und Soziales der Stadt Bielefeld.

4.3 Ergebnisse der empirischen Untersuchung im WohnGemeinschaftenVerbund

4.3.1 Grunddaten der Untersuchungspopulation im WGV

In diesem Kapitel werden einige grundlegende sozialstatistische Daten über die Situation der jungen Menschen und die untersuchten Hilfeverläufe im WGV zusammengetragen. Um dem von Blandow u.a. bereits 1984 angemahnten „Desinteresse“ an geschlechterspezifischen Analysen von Jugendhilfedaten entgegenzuwirken (Blandow u.a. 1986, S. 140), werden die Daten in einzelnen Untersuchungsbereichen nach Geschlechtern differenziert ausgewiesen. Zudem lassen sich so für diese Untersuchungsfelder spezifische Muster sowohl in der Wahrnehmung der Problemsituationen von Jungen und Mädchen, als auch in der Gewährung der Hilfen und in den Hilfeverläufen aufzeigen.

Die folgenden Ausführungen gliedern sich in vier Teilabschnitte. Im ersten Teil werden zunächst die Daten in Bezug auf die jungen Menschen zusammengetragen und verglichen, daran schließt ein Kapitel mit grundlegenden Daten über die Gesamtheit der untersuchten Hilfeangebote an; im dritten Teil wird die fachlich geplante Beteiligung der AdressatInnen reflektiert. Im vierten Teil werden die Zusammenhänge zwischen den Entwicklungen der jungen Menschen und dem professionellen Handeln der Fachkräfte analysiert.

4.3.2 Die jungen Menschen

Die vorliegende Untersuchungspopulation setzt sich zu 53,1% aus Mädchen und zu 46,9% aus Jungen zusammen.

Tab.: Geschlechterverteilung im WGV

Geschlechterverteilung WGV		
	Gesamt	
		%
weiblich	34	53,1
männlich	30	46,9
Total	64	100

In der vorliegenden Untersuchungspopulation ist der Anteil der Jungen geringer. Diese Untersuchungspopulation widerspricht anderen Erhebungen sichtbar, in denen Jungen häufiger in den untersuchten Hilfeformen betreut wurden als Mädchen. In der Analyse ihrer 1986 durchgeführten Erhebung kommen Blandow u. a. zu dem Schluss, dass „Mädchen eher der familiäre Aufwuchsplatz erhalten wird, sie eher familiär untergebracht werden und insgesamt die Eingriffe weniger gravierend sind" (Blandow u.a. 1986, S. 149).

Tab. : Alter der jungen Menschen im WGV

Alter der jungen Menschen im WGV						
	Mädchen		Jungen		Gesamt	
		%		%		%
11- <15 J.	-	-	1	3,3	1	1,6
15- <18 J.	15	44,1	6	20,0	21	32,7
18- <21 J.	19	55,9	22	73,4	41	64,1
> 20 J.	-	-	1	3,3	1	1,6
Total	34	100	30	100	64	100

In der vorliegenden Untersuchungsstichprobe liegt der Schwerpunkt der Altersspanne zwischen 18-20 Jahren in 64,1% der Fälle, gefolgt von der Gruppe der 15-17 jährigen in 32,7% der Fälle. 1,6% der Fälle sind 11-14 Jahre und in 1,6% der Fälle über 20 Jahre.

Tab. : Nationalität der jungen Menschen im WGV

Nationalität der jungen Menschen im WGV						
	Mädchen		Jungen		Gesamt	
		%		%		%
deutsch	29	85,3	29	91,0	58	90,6
nicht deutsch	5	14,7	1	3,3	6	9,4
nicht benannt	-	-	-	-	-	-
Total	34		30		64	100
						n = 64

Der Anteil nicht deutscher Kinder/Jugendlicher beträgt 9,4% an den untersuchten Hilfen.

Die Bundesstatistik verzeichnet 1994 einen Anteil junger Menschen aus Migrationsfamilien von 10,3%; JULE ermittelt einen Anteil von 23,6%. Hamburger/Müller/Porr machen in ihrer Stichprobe einen Anteil von 11,4% von MigrantInnen aus.

In dieser Stichprobe ist der Anteil nicht deutscher Kinder und Jugendlicher geringer. Im Fokus der geschlechterspezifischen Betrachtung unterscheiden sich die Anteile nicht deutscher Kinder und Jugendlicher deutlich.

Tab. :Schulsituation der jungen Menschen während der untersuchten Hilfen

Schulsituation der jungen Menschen im WGV		
	Gesamt	
		%
Sonderschule	3	4,7
Hauptschule	5	7,7
Realschule	1	1,6
Fachoberschule	1	1,6
Gymnasium	4	6,3
Berufsschule	19	29,5
Sonderberufsschule	18	28,1
Gesamtschule	1	1,6
sonstiges	10	15,6
keine Angabe	2	3,3
Total	64	100

4,7% der jungen Menschen besuchen eine Sonderschule, 7,7% eine Hauptschule, 1,6% eine Realschule, 1,6% eine Fachoberschule, 6,3 % ein Gymnasium und 1,6% eine Gesamtschule. In 28,1% aller Fälle besuchen die jungen Menschen im Rahmen von Ausbildungssituationen eine Sonderberufsschule für Erziehungshilfen und in 29,5% eine Berufsschule. 15,6% der Fälle haben sich der Nennung sonstiges zugeordnet und sie besuchen weder eine Schule noch befinden sind sie in einem Ausbildungsverhältnis.

In dieser Untersuchungsstichprobe ist ein hoher Anteil der Schüler aus berufsbildenden Schulsystemen zu verzeichnen. Als Ursachen sind die internen Ausbildungsangebote der Einrichtung zu vermuten. Ein qualifizierter Schulabschluss und eine berufliche Ausbildung sind in der Bundesrepublik Deutschland zentrale Voraussetzungen sozialer Teilhabechancen. Sie entscheiden gewissermaßen, ob ein Einkommen erzielt werden kann, das jenseits eines Existenzminimums eine Teilhabe am gesellschaftlichen Leben ermöglichen kann. Somit steuert die genannte berufliche Situation der jungen Menschen auf die Verbesserung der gravierenden Bildungsbenachteiligung in der Erziehungshilfe hin.

Tab. : Familien- /Lebenssituation vor Beginn der untersuchten Hilfe

Familien-/ Lebenssituation vor Beginn der Hilfe						
	Mädchen		Jungen		Gesamt	
		%		%		%
vollständige Ursprungsfamilie	9	26,4	7	23,3	16	25,1
ein Elternteil	7	20,6	5	16,7	12	18,8
ein Elternteil mit neuem Lebenspartner	4	11,8	3	10,0	7	10,9
Großeltern	1	2,9	-	-	1	1,6
andere Jugend-hilfeeinrichtung	4	11,8	5	16,7	9	14,2
psychiatrische Einrichtung	-	-	1	3,3	1	1,6
ständig wechselnde Lebenssituationen	3	8,8	2	6,7	5	7,8
Pflege-/Adoptivfamilie	2	5,9	1	3,3	3	4,7
andere Wohnform unserer Einrichtung	-	-	-	-	-	-
sonstiges	4	11,8	6	20,0	10	15,3
Total	34	100	30	100	64	100
						n= 64

Auffällig an der vorliegenden Untersuchungspopulation ist der verhältnismäßig hohe Anteil von jungen Menschen die direkt aus dem nicht Elternhaus kommen. In 25,1% aller Fälle kommen die jungen Menschen aus der vollständigen Ursprungsfamilie. In 18,8% der Fälle kommen sie aus dem

Elternhaus mit einem Elternteil. 10,9% der jungen Menschen geben an, aus einem Elternhaus mit einem dauerhaft neuen Lebenspartner eines der Elternteile zu kommen. Bei den Großeltern haben 1,6% gelebt und 14,2% geben an, aus einer anderen Jugendhilfeeinrichtung, 1,6% aus einer psychiatrischen Einrichtung, 4,7% aus der Pflege- oder Adoptivfamilie, 7,8% aus ständig wechselnden Familien-Lebenssituationen zu kommen. In 15,3% aller Fälle haben sich unter sonstiges eingeordnet. Im geschlechterspezifischen Vergleich ist kein Unterschied nachzuweisen.

4.3.3 Verteilung in den einzelnen Betreuungsformen

Tab. : Verteilung in den einzelnen Betreuungsformen

Verteilung in den Betreuungsformen						
	Mädchen		Jungen		Gesamt	
		%		%		%
Regelgruppe IWG	-*	-*	30	15,0	30	10,9
Regelgruppe AWG	-*	-*	29	14,6	29	10,6
Intensivgruppe	-*	-*	14	7,0	14	5,1
Intensivwohngruppe	-*	-*	20	10,1	20	7,3
Wochengruppe	2	2,7	24	12,1	26	9,5
WGV Bielefeld	34	45,3	30	15,1	64	23,4
Betreutes Wohnen	21	28,0	32	16,1	53	19,3
Mobile Betreuung	14	18,7	18	9,0	32	11,7
Tagesgruppe	4	5,3	1	0,5	5	1,8
Flexible Betreuung	-	-	1	0,5	1	0,4
Total	75	100	199	100	274	100
						n= 274

*konzeptionell gibt es in diesen Bereichen keine Mädchenplätze

Der Anteil der jungen Menschen in den einzelnen untersuchten Betreuungsformen beträgt 10,9% in den Regelgruppe IWG sowie 10,6% in der AWG Fichtenweg, 5,1% in der Intensivgruppe, 9,5% in der Wochengruppe, 7,3 % in den Intensivwohngruppen, 23,4% in dem Wohngemeinschaftenverbund Bielefeld, 19,3% im Betreuten Wohnen und 11,7% in der Mobilen Betreuung. In dem Erhebungszeitraum, ab dem 01.01.2002, beträgt der Anteil der jungen Menschen in der Tagesgruppe 1,8% und in der Flexiblen Betreuung 0,4%.

Die Bereiche Regelgruppen, AWG Fichtenweg, Intensivgruppe, Wochengruppe und Intensivwohngruppe sind als stationärer Bereich zusammen zu fassen und somit befinden sich 43,4% der jungen Menschen in den untersuchten Hilfeangeboten im stationären Heimaufenthalt. Die Bündelung der Bereiche Wohngemeinschaftenverbund Bielefeld, Betreutes Wohnen, Flexible Betreuung und Mobile Betreuung ergibt eine Quote von 54,8% jungen Menschen in sonstigen Betreuten Wohnformen.

In der Bundesstatistik schließen 9,7% der Hilfen mit einer Betreuung in der Tagesgruppe ab, 85% mit einem stationären Heimaufenthalt und 5,3% der Hilfen werden mit dem Betreuten Jugendwohnen beendet.

Im Vergleich zur Bundesstatistik ergibt sich durch die Ausklammerung der Tagesgruppen, bis zum 01.01.2002, und durch die konzeptionell nicht angebotenen Mädchenplätze in den Bereichen Innenwohngruppe, Intensivgruppe und Intensivwohngruppen eine andere Untersuchungspopulation.

4.3.4 Die Bewertung der Hilfeverläufe im WGV

4.3.4.1 Die individuellen Entwicklungen der jungen Menschen im WGV

Im einrichtungsinternen Diskurs wurden für die Bewertungen der Hilfeverläufe die Indikatoren zur Überprüfung der Struktur-, Prozess- und Ergebnisqualität festgelegt. Die hieraus resultierenden Bilanzierungsergebnisse müssen vor dem Hintergrund der im vorherigen Kapitel ausgeführten zentralen Grunddaten der Untersuchungspopulation betrachtet werden. Aufgrund des explorativen Charakters der Studie und der damit verbundenen geringen Fallzahl kann die Erhebung nur erste Hinweise geben. Dieser explorative Ansatz verfolgt das Ziel Indikatoren zu überprüfen, die durch ein komplexes Untersuchungsdesign in einer späteren Analyse angewendet werden. In die Bewertung der Hilfeverläufe im WGV fließen aus dem 1. Untersuchungsteil 36 Erstbefragungen der jungen Menschen und aus dem 2. Untersuchungsteil 28 Befragungen der jungen Menschen, 6 Befragungen der Eltern/Sorgeberechtigten sowie 16 Befragungen der Fachkräfte der Jugendämter ein. Dieses ergibt einerseits eine untersuchte Teilgruppe von 99,6% der Jugendlichen in der Einrichtung und andererseits eine untersuchte Teilgruppe von 95,6% der Jugendlichen bei Beendigungen oder Verlegungen während des Forschungsabschnittes. In den 2. Untersuchungsteil fließen 95,6% der Interviews der jungen Menschen, 57,1% als untersuchte Teilgruppe der Fachkräfte des Jugendamtes und 12,8% als untersuchte Teilgruppe der Eltern/Sorgeberechtigten ein.

Es gibt neben diesen eine nicht zu vernachlässigende Zahl an Fällen, in denen Zusammenhänge kaum sinnvoll interpretiert werden können. Zum anderen gibt es Fälle, in denen die Bereitschaft der Adressaten zur Beteiligung an der vorliegenden Evaluationsstudie nicht vorhanden war. Es gibt aber auch eine Gruppe von jungen Menschen, deren Hilfe am Ende scheitert und die sich in Konfliktsituationen dem Qualitätsprozess der Einrichtung nicht stellen. Darüber können in diesem Zusammenhang keine Aussagen gemacht werden.

In mehreren Fällen wurden die Jugendlichen nach den §§ 39 oder 40 BSHG untergebracht, somit zeichneten sich nicht die Fachkräfte des Jugendamtes, sondern die SachbearbeiterInnen der überregionalen Sozialhilfeträger fallverantwortlich. Durch die nicht bewertbaren Fälle bleibt eine gewisse Unschärfe in den Aussagen erhalten und somit müssen die Ergebnisse vor diesem Hintergrund ihrer tendenziellen Aussage interpretiert und gewertet werden.

4.3.4.2 Modifizierungen der Antwortkategorie zur Ergebnisqualität

In der Bewertung der Entwicklung der jungen Menschen, sind die hier vorliegenden Ergebnisse in den Bewertungskriterien „stimme völlig zu" und „stimme eher zu" zu positiven Nennungen zusammengefasst worden, wobei die Kategorien „stimme eher nicht zu" und „stimme gar nicht zu" in der Kategorie zu negativen Nennungen gebündelt worden sind.

Tab. : Entwicklungen der jungen Menschen im WGV

Entwicklung der jungen Menschen im WGV				
Während der Betreuung	ja	nein	trifft für mich nicht zu	Gesamt
... wurde ich selbstständiger in der Schule/ bei der Arbeit	25	7	2	34
... wurde ich selbstständiger im Umgang mit Geld	25	5	4	34
... wurde ich selbstständiger in lebenspraktischen Fähigkeiten	27	6	1	34
... wurde ich selbstständiger im Umgang mit Menschen	24	9	1	34
... bin ich weniger mit dem Gesetz in Konflikt geraten	16	6	12	34
... habe ich einen Schul-/ Ausbildungsabschluss erworben	19	7	8	34
Addition	136	40	28	204
%	66,7	19,6	13,7	100

In 66,7% aller Nennungen skizzieren die jungen Menschen eine positive Entwicklung im vorgehaltenen Betreuungssetting. In 19,6% der Fälle wurde das Maß an Entwicklung als nicht ausreichend bewertet. 13,7% der jungen Menschen ordnen sich in der Kategorie "trifft für mich nicht zu" ein.

4.3.4.3 Bilanzierte Entwicklungen der jungen Menschen

Entlang der unten aufgeführten Entwicklungsbereiche sind die Entwicklungen der jungen Menschen eingeschätzt im Einzelfall gebündelt und in einer Gesamtbilanz dargestellt. In wie weit der einzelne junge Mensch von der Hilfe profitieren konnte spiegelt sich in der Bilanz wieder. So wurde für jeden einzelnen Hilfeverlauf in den definierten Entwicklungsbereichen (zentrale Themen, Persönlichkeit, Familie, Alltagsbewältigung, Rückführung in das Elternhaus oder Verselbständigung in eine eigene Wohnung und wahrgenommene Zufriedenheit der jungen Menschen sowie ihrer Eltern/Sorgeberechtigten und der Fachkräfte des Jugendamtes) versucht, den Nutzen für die AdressatInnen der Hilfe zu bestimmen. Eine Einschätzung über die Wirksamkeit der untersuchten erzieherischen Hilfen lassen alle Hilfeverläufe in der Summe betrachtet zu. Ob und wie die Einrichtung sowie ihre KooperationspartnerInnen auf die vorhandenen Fallkonstellationen und Problemlagen bezogen eine adäquate Hilfe anbieten konnten, darüber gibt die Gesamtbilanz der Entwicklungen der jungen Menschen für alle Hilfeverläufe in der Summe betrachtet Auskunft. Da dies nicht ohne Reduktion geht, sind die Ergebnisse, in denen sich Trends abzeichnen, als grobe Zusammenfassung zu lesen. Das Bewertungskriterium „stimme völlig zu" ist der Kategorie „positive Entwicklung", das Kriterium „stimme eher zu" der Kategorie „in Ansätzen positive Entwicklungen" sowie die Kategorien „stimme eher nicht zu" und „stimme gar nicht zu" sind der Kategorie „keine maßgebliche Veränderung" zugeordnet worden.

Tab. : Bilanzierte Entwicklungen der jungen Menschen

Bilanzierte Entwicklungen der jungen Menschen				
	weiblich	männlich	Total	%
positiv	20	17	37	57,8
in Ansätzen positiv	10	8	18	28,1
keine maßgebliche Veränderung	1	3	4	6,3
Bilanzierung nicht möglich	3	2	5	7,8
Total	34	30	64	100
				n = 64

In 57,8% der Hilfeverläufe zeigen sich durchweg positive Entwicklungen der jungen Menschen; mit der Bilanz „in Ansätzen positiv“ werden 28,1% der Hilfeverläufe bewertet. Für 6,3% der Fälle konnte für die jungen Menschen während der Hilfe „keine maßgebliche Veränderung“ in wichtigen Entwicklungsbereichen erzielt werden. In ihrem Ertrag für die AdressatInnen müssen 6,3% der Hilfeverläufe als eher nicht gelungen eingeschätzt werden. In 7,8% aller Fälle ist eine Bilanzierung der Entwicklung nicht möglich. Betrachtet man die unterschiedlichen Ergebnisse geschlechterspezifisch, so ist zu konstatieren, dass Mädchen mehr von der angebotenen Hilfe profitieren. Die positive Bilanz der Entwicklung der Mädchen zeigt sich in fast allen abgefragten Bereichen. So entsteht der Eindruck, dass die in der Einrichtung angebotenen erzieherischen Hilfen für Mädchen wirksamer als für Jungen sind. Die Anfangsbedingungen bleiben kritisch zu hinterfragen. Inwieweit Mädchen zu Beginn der Hilfe genau so stark belastet sind wie Jungen oder wer häufiger körperliche und sexuelle Gewalterfahrungen erleben musste, bleibt hierbei offen.

Insgesamt erscheinen die untersuchten Hilfen in einem durchaus positiven Licht. Werden die „positiven“ und „in Ansätzen positiven“ Entwicklungen zu den eher gelungenen Hilfen zusammen gefasst und im Kontrast dazu die ohne maßgebliche Veränderungen zu den eher nicht gelungenen Hilfeverläufen, so zeigt sich, dass in 85,9% der Hilfeverläufe die Entwicklungsverläufe der jungen Menschen als positiv zu bewerten sind und so verläuft annähernd nur jeder zehnte Fall negativ.

4.3.4.4 Zusammenhänge zwischen den Entwicklungen der jungen Menschen und der Hilfedauer

Die Verknüpfung der tatsächlichen Entwicklungsmöglichkeiten der jungen Menschen mit der Dauer der Hilfe ist im Hinblick auf zentrale Einflussfaktoren für das Gelingen einer Hilfe von großer Bedeutung. Bei der

Stichprobe der untersuchten Beendigung oder Veränderung der Hilfemaßnahme, wird als Differenzierung zwischen eher kürzeren Hilfeverläufen unter einem Jahr und den eher längeren über einem Jahr unterschieden.

Tab. : Zusammenhänge zwischen den Entwicklungen der jungen Menschen und der Hilfedauer

Entwicklungen der jungen Menschen	Erziehungshilfen unter einem Jahr		Erziehungshilfen länger als ein Jahr	
		%		%
positiv	2	14,3	18	36,0
in Ansätzen positiv	3	21,4	21	42,0
keine maßgebliche Veränderung	6	42,9	8	16,0
Bilanzierung nicht möglich	3	21,4	3	6,0
Total	14	100,0	50	100,0
				n = 64

Die Dauer der Hilfe hat einen gewichtigen Einfluss auf die Erfolgschancen einer Maßnahme. Betrachtet man in der Bilanzierung zunächst nur die Entwicklungen der jungen Menschen mit einer Hilfedauer unter einem Jahr, so deuten 21,4% der Hilfeverläufe auf keine Bilanzierung hin. In 42,9% der Fälle ergibt sich keine maßgebliche Veränderung. In 21,4% der Fälle wird ein in Ansätzen positiver Verlauf sowie in 14,3% ein positiver Entwicklungsverlauf attestiert. Bei Hilfeverläufen die dagegen über ein Jahr andauern, wird in 36,0% der Fälle ein positiver Entwicklungsverlauf bescheinigt und in 42,0% aller Fälle ein in Ansätzen positiver Entwicklungsverlauf bilanziert. Dagegen weisen 16,0% der Fälle auf keine maßgebliche Veränderung hin und bei 6,0% aller der Fälle ist eine Bilanzierung nicht möglich.

Dieser Befund bestätigt die These, dass die jungen Menschen eine gewisse Eingewöhnungszeit von einem halben bis zu einem Jahr benötigen, um sich auf die neue Situation einzulassen, damit ein kontinuierlicher Hilfe- und Erziehungsprozess betrieben werden kann. Für eine Einrichtung bedeutet das im Gegenzug, sie muss ausreichende zeitliche Ressourcen für eine reflektierte Hilfeplanung schaffen, geeignete Angebote vorhalten um Ziele formulieren zu können, die aus einem gemeinsamen Prozess gebildet werden müssen.

4.3.5 Das professionelle Handeln in der Einrichtung

In der Gesamtbilanz des fachlichen Handelns in der Einrichtung werden die betrachteten Standards (spezifische, individuelle Angebote, verlässliches und tragfähiges Betreuungssetting, fachlich reflektierte Beteiligung der AdressatInnen und fachlich geplante Beendigung) verdichtet und gebündelt dargestellt. Im Anschluss werden die einzelnen Standards differenziert bewertet, wobei hier bewusst auf eine geschlechterspezifische Betrachtung verzichtet wurde. Es konnten keine unterschiedlichen Handlungs- und Wahrnehmungsmuster, bezogen auf Jungen und Mädchen, anhand dieser allgemeinen Standards nachgewiesen werden.

Tab. : Professionelles Handeln der Jugendhilfeeinrichtung

Gesamtbilanz der untersuchten Hilfen		
		%
fachlich qualifiziertes Handeln	34	53,1
in Ansätzen fachlich qualifiziertes Handeln	19	29,7
kein fachlich qualifiziertes Handeln	6	9,4
Bilanzierung nicht möglich	5	7,8
Total	64	100,0
		n = 64

In 53,1% der Hilfeverläufe kann das Handeln der Jugendhilfeeinrichtung als „fachlich qualifiziert" bewertet werden, in 29,7% der Fälle ist fachlich qualifiziertes Handeln nur in Ansätzen zu erkennen und in 9,4% weist das Handeln der Einrichtung in Bezug auf die untersuchten Hilfeverläufe deutliche Mängel auf. In über ¾ der Fälle kann den MitarbeiterInnen der Jugendhilfeeinrichtung fachlich qualifiziertes Handeln in Bezug auf den einzelnen Hilfeverlauf konstatiert werden.

4.3.5.1 Sensibilisierungen der Kategorien zum Schutz der jungen Menschen

In der Bündelung der hier vorliegenden Ergebnisse sind die Bewertungskriterien „stimme völlig zu" und „stimme eher zu" zu den positiven Nennungen zusammengefasst worden, wobei die Kategorien „stimme eher nicht zu" und „stimme gar nicht zu" der Kategorie „mit dem vorgehaltenen Angebot der Einrichtung unzufrieden" zugeordnet worden sind.

Tab.: Schutz der jungen Menschen

Schutz der jungen Menschen				
Beschützung	ja	nein	trifft für mich nicht zu	Gesamt
…vor Jugendlichen	38	20	6	64
…vor Besuchern	36	15	13	64
…vor Familienmitgliedern	42	15	7	64
…am Arbeitsplatz/ Schule	39	12	13	64
Total	155	62	39	256
%	60,6	24,2	15,2	100

In 60,6% aller Nennungen fühlen sich die jungen Menschen im vorhandnen Betreuungssetting beschützt. In 24,2% der Nennungen wurde das Maß an Beschützung als nicht ausreichend bewertet. 15,2% der jungen Menschen ordnen sich in der Kategorie "trifft für mich nicht zu“ ein. In der geschlechterspezifischen Betrachtung konnte kein abweichender Trend aufgezeigt werden. Die negativeren Ergebnisse zur Beschützung in den Kategorien " …vor Jugendlichen“ und "…vor Besuchern“ bedürfen allerdings der weiteren Analyse.

4.3.5.2 Sensibilisierungen unterschiedlicher Kategorien im Beschwerdemanagement

In der Bündelung der hier vorliegenden Ergebnisse sind die Bewertungskriterien „stimme völlig zu“ und „stimme eher zu“ zu den positiven Nennungen zusammengefasst worden, wobei die Kategorien „stimme eher nicht zu“ und „stimme gar nicht zu“ der Kategorie „mit dem vorgehaltenen Angebot der Einrichtung unzufrieden“ zugeordnet worden sind.

Tab.: Beschwerdemanagement

Beschwerdemanagement						
	weiblich		männlich			
	ja	nein	ja	nein	trifft für mich nicht zu	Gesamt
Ansprechpartner für Beschwerden war bekannt	28	4	28	1	3	64
Ich hatte das Gefühl mich ohne Nachteil beschweren zu können	26	6	14	2	16	64
Beschwerden wurden ernst genommen	15	10	17	14	8	64
Die zuständige Leitungsperson wurde bei Unstimmigkeiten eingeschaltet	13	8	18	18	7	64
Total	82	28	77	35	34	256
%	32,0	10,9	30,1	13,7	13,3	100
						n = 275

Die jungen Menschen bewerten in 62,1% aller Nennungen die abgefragten Kategorien im Beschwerdeverfahren positiv. In 24,6% aller Nennungen wurde diese Kategorie als nicht ausreichend bewertet. In 13,3% der Nennungen ordnen sich der jungen Menschen in der Kategorie "trifft für mich nicht zu" ein. Die negativeren Ergebnisse in den Kategorien " Beschwerden wurden ernst genommen" und "Die zuständige Leistungsperson wurde bei Unstimmigkeiten eingeschaltet" bedürfen allerdings der weiteren Analyse. In der geschlechterspezifischen Analyse bewerten die jungen Frauen die abgefragten Kategorien des Beschwerdemanagements etwas positiver.

4.3.5.3 Spezifische den Bedürfnissen angepasste Angebote

In der Bündelung der hier vorliegenden Ergebnisse sind die Bewertungskriterien „stimme völlig zu“ und „stimme eher zu“ zu den positiven Nennungen zusammengefasst worden, wobei die Kategorien „stimme eher nicht zu“ und „stimme gar nicht zu“ der Kategorie „mit dem vorgehaltenen Angebot der Einrichtung unzufrieden“ zugeordnet worden sind.

Tab.: Spezifische den Bedürfnissen angepasste Angebote

Spezifische, individuelle Angebote		
		%
ja	47	73,4
nein	7	10,9
keine Aussage	10	15,7
Total	64	100,0
		n = 64

Hier fällt der hohe Anteil an positiven Nennungen auf, denn in 73,4% der Fälle sind spezifische, individuelle Angebote für die AdressatInnen der Hilfe benannt. Lediglich 10,9% der Befragten sind mit dem vorgehaltenen Angebot der Einrichtung unzufrieden. 10 Fällen war keine Aussage zuzuordnen. Dies deutet auf ein weitgespanntes Spektrum an individuellen Angeboten hin und verweist auf ein hohes Maß an Flexibilität und Ideenreichtum im Bezug auf individuelle Bedürfnisse der AdressatInnen. Es sind insbesondere individuelle Einzelbetreuung, kontinuierliche Bezugspersonenarbeit, Schule,

Ausbildungsplätze, Elternarbeit und sehr gezielte Förderangebote zu vermuten.

4.3.5.4 Verlässliches, tragfähiges Betreuungssetting

In der Bewertung des verlässlichen und tragfähigen Betreuungssetting, sind die hier vorliegenden Ergebnisse in den Bewertungskriterien „stimme völlig zu“ und „stimme eher zu“ zu positiven Nennungen zusammengefasst worden, wobei die Kategorien „stimme eher nicht zu“ und „stimme gar nicht zu“ in der Kategorie „als Standard nicht ausreichend bewertet“ gebündelt worden sind.

Tab.: Verlässliches, tragfähiges Betreuungssetting

Verlässliches, tragfähiges Betreuungssetting		
		%
ja	46	71,9
nein	10	15,6
keine Aussage	8	12,5
Total	64	100,0
		n = 64

In 71,9% aller Fälle kam im Bilanzierungsergebnis dieses Standards ein Hilfeangebot zustande, das für die jungen Menschen einen verlässlichen und tragfähigen Rahmen bot. In Bezug auf die jungen Menschen können Aspekte wie die sozialen Beziehungen, das Umfeld der Einrichtung, die Hilfearrangements, die Ausstattung der Einrichtung und das Handeln der PädagogInnen als hilfreich bewertet werden. In 15,6% der Fälle wurde dieser Standard als nicht ausreichend bewertet. Dieser negative Wert verweist auf die Hilfeverläufe hin, in denen es keine dauerhaften Bindungen zwischen den jungen Menschen und der Einrichtung gab und die negative Entwicklung der jungen Menschen nicht aufgehalten werden konnte. In 12,5% der Fälle konnte keine verwertbare Aussage getroffen werden. Um diese Ergebnisse genauer betrachten und interpretieren zu können, und um entsprechende Korrelationen zu den Eltern/Sorgeberechtigen und/oder den Fachkräften des Jugendamtes zu vermuten, bedarf es allerdings einer genaueren Betrachtung des Einzelfalls.

4.3.6 Fachlich geplante Beteiligung der AdressatInnen

Eine entscheidende Vorraussetzung für einen erfolgsversprechenden Hilfeverlauf ist die Beteiligung der AdressatInnen am Prozess der Hilfeplanung. Empirische Studien weisen jedoch auf Schwierigkeiten in der Umsetzungspraxis hin (vgl. Sander 1996). Bislang hat sich insbesondere die Mitwirkung von Mädchen als unbefriedigend erwiesen (vgl. Mau 1997; Wolff 1995). Das BMSFSJ resümierte 1998, dass die Beteiligung von Kindern und Jugendlichen in den Erziehungshilfen noch wenig entwickelt ist und die Beteiligungsmöglichkeiten eher bei Jugendlichen als bei Kindern vorliegen (BMSFSJ 1998, S. 261). Ob Beteiligung bzw. eine segmentierte Beteiligung stattfand oder nicht - wobei auch hier die Möglichkeit bedacht werden muss, dass stattgefundene Beteiligungsprozesse nicht in den Akten dokumentiert wurden - kann aus der Aktenanalyse des Forschungsprojektes JULE abgeleitet werden. Zur Qualität der Beteiligung, den Settings, der Ausgestaltung und dem Prozess lassen sich darin jedoch sehr wenige Aussagen finden.

4.3.6.1 Sensibilisierungen der Kategorien zur Beteiligung der jungen Menschen

In der Bewertung der Partizipation der jungen Menschen, sind die hier vorliegenden Ergebnisse in den Bewertungskriterien „stimme völlig zu“ und „stimme eher zu“ zu positiven Nennungen zusammengefasst worden, wobei die Kategorien „stimme eher nicht zu“ und „stimme gar nicht zu“ in der Kategorie „als nein“ gebündelt worden sind.

Tab.: Sensibilisierte Kategorien zur Beteiligung junger Menschen

Partizipation der jungen Menschen				
Beteiligung bei	ja	nein	trifft für mich nicht zu	Gesamt
...der Gestaltung der Wohnung	39	16	9	64
...der Auswahl der Mitbewohner	20	26	18	64
...der Hilfeplanung	33	21	10	64
...der Auswahl der BezugsmitarbeiterInnen	35	19	10	64
...mich betreffenden Entscheidungen	48	9	7	64
...der Vereinbarung von Regeln	46	15	3	64
Total	221	106	57	384
%	57,6	27,6	14,8	100

In 57,6% aller Nennungen bewerten die jungen Menschen ihre Beteiligungsmöglichkeiten als positiv. In 27,6% der Nennungen wurde dieser Standard als nicht ausreichend bewertet. 14,8% der jungen Menschen ordnen sich in der Kategorie "trifft für mich nicht zu" ein. Die negativeren Ergebnisse in den Kategorien "...der Auswahl der MitbewohnerInnen", "...der Auswahl der BezugsmitarbeiterInnen" und insbesondere "...der Hilfeplanung" bedürfen allerdings der weiteren Analyse.

Mit Hilfe einer Kreuztabellenanalyse konnten über die theoretische Differenzierung (Indikatorenbildung im einrichtungsinternen Prozess) der Beteiligungschancen der Adressaten (junge Menschen, Eltern/Sorgeberechtigte und Fachkräfte des Jugendamtes) an der institutionellen Problembearbeitung drei Typen bereitgestellter

Beteiligungsformen für jede Phase des Problembearbeitungsprozesses eruiert werden :

- Ein Typ I, der insbesondere von der Stufe der `Information` bis hin zur `Autonomie`, durch eine überdurchschnittlich hohe Beteiligung gekennzeichnet, Chancen der Mitwirkung an der institutionellen Problembearbeitung für sich reklamiert.
- Ein zweiter Typ, dessen Beteiligungschancen, vor allem im Bereich der `Quasi-Beteiligung`, durchschnittlich stark ausgeprägt zu ermitteln sind.
- Der dritte Typ bewertet den Aushandlungsprozess zwischen den Professionellen und Adressaten vorrangig als `Manipulation` der Bedürfnis- und Interessenlagen und sieht somit nur geringe Beteiligungschancen in dem institutionellen Produktionsprozess sozialer Dienstleistungen.

4.3.6.2 Beteiligungsmöglichkeiten Jugendlicher an Entscheidungsprozessen in der Einrichtung

Die im einrichtungsinternen Diskurs vereinbarten Standards der Beteiligungschancen junger Menschen am Hilfeverlauf, sind hier in unterschiedlichen Aspekten als Merkmale der Struktur- und Prozessqualität gebündelt dargestellt. Das Bewertungskriterium „stimme völlig zu" ist der Kategorie `Beteiligung`, das Kriterium „stimme eher zu" ist dem Typ II `Quasi-Beteiligung` und die Kriterien „stimme eher nicht zu" sowie „stimme gar nicht zu" dem Typ III `Nicht-Beteiligung zugeordnet worden.

Tab.: Beteiligungsmöglichkeiten Jugendlicher an Entscheidungsprozessen in der Einrichtung

Partizipation der jungen Menschen						
	Mädchen		Jungen		Gesamt	
		%		%		%
Typ I (Beteiligung)	10	15,6	12	18,8	22	34,4
Typ II (Quasi-Beteiligung)	21	32,8	13	20,3	34	53,1
Typ III (Nicht-Beteiligung)	3	4,7	5	7,8	8	12,5
Total	34	53,1	30	46,9	64	100
						n = 64

In 34,4% aller Fälle bewerten die jungen Menschen ihre Beteiligungschancen als sehr positiv und sie sind somit dem Typ I der `Beteiligung` zuzuordnen. 53,1% der untersuchten Fälle sind mit ihren Beteiligungschancen überwiegend zufrieden und sind im Typ II der `Quasi-Beteiligung` einzuordnen. Doch 12,5% der jungen Menschen reklamieren für sich nur geringe oder keine Beteiligungschancen und ordnen sich dem Typ III der `Nicht-Beteiligung` unter. In der geschlechterspezifischen Betrachtung bewerten die Mädchen ihre Beteiligungschancen durchweg positiver. Die untersuchten Partizipationschancen der jugendlichen Adressaten in der Einrichtung können als nur unzureichend eingestuft werden. Nur etwas mehr als ein Drittel der Befragten gab an, dass ihnen ihrer Meinung nach Entscheidungs- und Revisionsmöglichkeiten in der einrichtungsinternen Problembearbeitung zur Verfügung standen.

Diese Ergebnisse gewannen weiter an Relevanz, nachdem überprüft wurde, ob die wahrgenommenen Beteiligungschancen der Adressaten einen Einfluss auf die Bewertung der erhaltenen Leistungen der Betreuung haben: Generell konnte nachgezeichnet werden, dass Jugendliche ihren Beteiligungschancen in der Einrichtung eine große Bedeutung beimessen. Zudem zeigte sich, dass die Befragten die ihre Beteiligungschancen in allen Phasen des Problembearbeitungsprozesses als hoch einschätzen, die erhaltene Betreuungsleistung positiver bewerten, als diejenigen, die ihre Chancen zur Beteiligung am Problembearbeitungsprozess mittelmäßig oder nur gering einschätzen. Jugendliche, die nach ihren Angaben geringe Beteiligungschancen besaßen, bewerten die erhaltene Leistung negativer als alle anderen.

Tab. : Bewertungen der Leistungen der Einrichtung durch die jungen Menschen, differenziert nach ihren Beteiligungschancen

Bewertung der Leistungen				
	Typ I	Typ II	Typ III	Gesamt
sehr gut/ gut	27,3%	14,0%	4,3%	45,6%
befriedigend	4,3%	20,4%	2,1%	26,8%
ausreichend	1,1%	6,5%	6,0%	13,6%
mangelhaft/ ungenügend	2,1%	3,3%	8,6%	14,0%
	34,8%	44,2%	21,0%	100%

Wie diese empirischen Ergebnisse zeigen, ist Partizipation nicht nur im Sinne der festgestellten Diversifikation des Nachfragepotentials jugendlicher Adressaten von theoretischer Bedeutung. Partizipation ist nachweisbar ebenso ein subjektiver Wert und wichtiger Grund für die Zufriedenheit Jugendlicher mit den erhaltenen Leistungen in der Einrichtung (vgl. Flösser 1999).

4.3.6.3 Beteiligungsmöglichkeiten der Eltern/Sorgeberechtigten

Der im einrichtungsinternen Diskurs vereinbarte Standard der Beteiligungschancen der Eltern/Sorgeberechtigten am Hilfeverlauf, ist hier durch unterschiedliche Aspekte als Merkmale der Struktur- und Prozessqualität gebündelt dargestellt. Das Bewertungskriterium „stimme völlig zu" ist der Kategorie `Beteiligung`, das Kriterium „stimme eher zu" ist dem Typ II `Quasi-Beteiligung` und die Kriterien „stimme eher nicht zu" sowie „stimme gar nicht zu" dem Typ III `Nicht-Beteiligung zugeordnet worden.

Tab.: Beteiligungsmöglichkeiten der Eltern/Sorgeberechtigten an Entscheidungsprozessen in der Einrichtung

Partizipation der Eltern/ Sorgeberechtigten		
		%
Typ I (Beteiligung)	1	16,7
Typ II (Quasi-Beteiligung)	4	66,6
Typ III (Nicht-Beteiligung)	1	16,7
Total*	6	100
		n = 6

*Aufgrund des explorativen Charakters der Studie und der damit verbundenen geringen Fallzahl kann die Erhebung nur erste Hinweise geben.

In 16,7% aller Fälle bewerten die Eltern/Sorgeberechtigten ihre Beteiligungschancen als sehr positiv und sie sind somit dem Typ I der `Beteiligung` zuzuordnen. 66,6% der untersuchten Fälle sind mit ihren Beteiligungschancen überwiegend zufrieden und sind im Typ II der `Quasi-Beteiligung` einzuordnen. 16,7% der befragten Eltern/Sorgeberechtigten reklamiert für sich nur geringe oder keine Beteiligungschancen und ordnet sich dem Typ III der `Nicht-Beteiligung` unter.

Zusammenfassend ist festzustellen, dass in der gelingenden Heimerziehungspraxis Elternarbeit bzw. eine Zusammenarbeit und Auseinandersetzung mit den Erziehungsberechtigten als ein wesentlicher

Bestandteil zu bezeichnen ist. Gleichwohl sind die Professionellen immer gefordert, aus dem eigenen Handlungskontext herauszutreten und zwischen den Bedürfnissen der jungen Menschen, den Erwartungen der Eltern und dem gleichzeitig gestellten Auftrag, als schwierigstes Unterfangen der Elternarbeit, eine geeignete und angemessenen Hilfe und Unterstützung zur Verfügung zu stellen. Dieser schwierigen Aufgabenstellung scheinen vielfach die strukturellen Bedingungen und persönlichen Möglichkeiten in den Einrichtungen und Jugendämtern, zum Gelingen einer qualifizierten Elternarbeit nicht zu entsprechen.

Die Notwendigkeit und der Sinn der Elternarbeit wird in der fachlichen Auseinandersetzung allgemein akzeptiert und gesehen. Der Mensch kann nur im Kontext seiner Verhältnisse und Umstände gesehen werden in denen er lebt. Unter diesem Blickwinkel der Orientierung an der Lebenswelt bedeutet dies für Kinder, dass sie nur unter dem Geflecht aus Beziehungen und Interaktionen verstanden werden können, in dem sie leben, und die familialen Beziehungen sind ein Teil daran (vgl. Thiersch 1998, S. 23ff.).

Die enge Verbindung von gelingendem Hilfeverlauf und der Arbeit mit den Eltern zeigen auch die Ergebnisse der JULE Studie 1999. Die Beteiligung der Eltern muss über die generelle Planung der Hilfe hinausgehen.

4.3.6.4 Beteiligungsmöglichkeiten der Fachkräfte des Jugendamtes

Der im einrichtungsinternen Diskurs vereinbarte Standard der Beteiligungschancen der Fachkräfte des Jugendamtes am Hilfeverlauf, ist hier in unterschiedlichen Aspekten als Merkmal der Struktur- und Prozessqualität gebündelt dargestellt. Das Bewertungskriterium „stimme völlig zu“ ist der Kategorie `Beteiligung`, das Kriterium „stimme eher zu“ ist dem Typ II `Quasi-Beteiligung` und die Kriterien „stimme eher nicht zu“ sowie „stimme gar nicht zu“ dem Typ III `Nicht-Beteiligung zugeordnet worden.

Tab.: Beteiligungsmöglichkeiten der Fachkräfte des Jugendamtes an Entscheidungsprozessen in der Einrichtung

Partizipation der Fachkräfte des Jugendamtes		
		%
Typ I (Beteiligung)	8	50,0
Typ II (Quasi-Beteiligung)	6	37,5
Typ III (Nicht-Beteiligung)	2	12,5
Total*	16	100
		n = 16

*Aufgrund des explorativen Charakters der Studie und der damit verbundenen geringen Fallzahl kann die Erhebung nur erste Hinweise geben.

In 50,0% aller Fälle bewerten die Fachkräfte des Jugendamtes ihre Beteiligungschancen als sehr positiv und sie sind somit dem Typ I der `Beteiligung` zuzuordnen. 37,5% der untersuchten Fälle sind mit ihren Beteiligungschancen überwiegend zufrieden und sind im Typ II der `Quasi-Beteiligung` einzuordnen. Der Typ III der `Nicht-Beteiligung`, in dem die Fachkräfte des Jugendamtes nur geringe oder keine Beteiligungschancen für sich reklamieren, konnte in 12,5 % der Fälle nachgewiesen werden. Aus dem Forschungsabschnitt kann durch die geringe Anzahl der Fälle kein aussagekräftiger Trend skizziert werden. Ob und inwieweit die fehlenden Aussagen der Fachkräfte des Jugendamtes, als Nicht- Beteiligung zu bewerten sind muss hier unbeantwortet bleiben. In den anschließenden Forschungsabschnitten, kann diese Aussage weiter untersucht werden.

Die mit der Entwicklung einhergehende Ausdifferenzierung jugendlicher Problem- und Bedürfnislagen lässt sich immer weniger mit standardisierten Interventionsstrategien der Jugendhilfe bearbeiten bzw. erfassen. Die Bedrohung, dass die traditionellen professionellen Problemdeutungen und -bearbeitungen, ihre Nähe zu den Lebenswelten, Problemlagen und

Situationsinterpretationen der Kinder, Jugendlichen und jungen Erwachsenen verlieren, wächst. "Wenn (...) keine `stillschweigende Übereinkunft` über erstrebenswerte Lebensstile mehr vorausgesetzt werden kann, so Thomas Olk und Hans-Uwe Otto, dann können von den Interaktionspartnern gemeinsam geteilte Interpretationen der in der Hilfebeziehung zu bearbeitenden Probleme und eingeschlagene Lösungswege nur noch durch Aushandlungsprozesse zustande kommen. Der Betroffene muss an der `Ausdeutung` seines Problems tendenziell gleichberechtigt beteiligt werden" (Olk/Otto 1981, S.110).

Um die Maxime der Beteiligung erfolgreich zu verwirklichen ist in den Verwaltungen der Träger öffentlicher Jugendhilfe ein struktureller Umdenkungsprozess erforderlich. Im Jugendamt/im Allgemeinen Sozialen Dienst benötigt Partizipation organisatorische Voraussetzungen mit dem Ziel, Verantwortung an die Stelle zu geben, an der die Arbeit tatsächlich geleistet wird. Bei den Produktbeschreibungen für die Jugendhilfe, insbesondere der Hilfen zur Erziehung, muss der Aspekt der Partizipation unmittelbar einfließen und als nicht wegzudenkender Faktor im Sinne einer Qualitätssicherung festgeschrieben werden.

Nun konnte mit Hilfe einer weiteren Kreuztabellenanalyse über die theoretische Differenzierung der Forschungsergebnisse des Beteiligungsprozesses der Adressaten im 2. Forschungsabschnitt, die subjektive Zufriedenheit junger Menschen in Korrelation zu den entsprechenden Ergebnissen ihrer Eltern/Sorgeberechtigten und/oder den entsprechenden Fachkräften des Jugendamtes mittels Einzelfallanalyse erhoben werden, um so folgende drei Typen der subjektiven Zufriedenheit ihrer Beteiligung an der institutionellen Problembearbeitung zu ermitteln:

- Ein Typ A, in dem Jugendliche, in Korrelation zu den Fachkräften des Jugendamtes und/oder den Eltern/Sorgeberechtigten in der Einzelfallanalyse, ein hohes Maß an Zufriedenheit über ihre Beteiligungschancen an der institutionellen Problembearbeitung für sich reklamieren.

- Im Typ B sind Jugendliche, in Korrelation zu den Fachkräften des Jugendamtes und/oder den Eltern/Sorgeberechtigten in der Einzelfallanalyse, durch ein durchschnittliches Maß an Zufriedenheit vor allem im Bereich der `Quasi-Beteiligung` zu ermitteln.
- Der Typ C bewertet nur eine geringe Zufriedenheit der Jugendlichen, in Korrelation zu den Fachkräften des Jugendamtes und/oder den Eltern/Sorgeberechtigten in der Einzelfallanalyse und sieht somit nur geringe Beteiligungschancen in dem institutionellen Produktionsprozess sozialer Dienstleistungen.

Tab.17: Summative Zusammenschau bilanzierter Zufriedenheit der AdressatInnenbeteiligung

Bilanzierung der Zufriedenheit der AdressatInnenbeteiligung		
		%
Typ A (Beteiligung)	4	25,0
Typ B (Quasi-Beteiligung)	10	62,5
Typ C (Nicht-Beteiligung)	2	12,5
Total*	16	100

*Aufgrund des explorativen Charakters der Studie und der damit verbundenen geringen Fallzahl kann die Erhebung nur erste Hinweise geben.

In 25,0% aller Fälle bewerten die AdressatInnen ihre Beteiligungschancen als sehr positiv und sie sind somit dem Typ A der `Beteiligung` zuzuordnen. 62,5% der untersuchten Fälle sind mit ihren Beteiligungschancen überwiegend zufrieden und sind im Typ B der `Quasi-Beteiligung` einzuordnen. Doch 12,5% der AdressatInnen reklamieren für sich nur geringe oder keine Beteiligungschancen und ordnen sich dem Typ `Nicht-Beteiligung` unter.

4.3.7 Zusammenhänge zwischen den Entwicklungen der jungen Menschen und dem professionellen Handeln der Fachkräfte

Diese Ergebnisse gewinnen weiter an Relevanz, nachdem überprüft wird, ob die wahrgenommene Zufriedenheit der Adressaten einen Einfluss auf die Bewertung der erhaltenen Jugendhilfeleistungen und somit in Korrelation zu einer erfolgreichen Maßnahme steht. Die Hilfeverläufe mit durchweg positiven Entwicklungen der jungen Menschen sowie mit der Bilanz „in Ansätzen positiv“ werden zu erfolgreichen Maßnahmen zusammengefasst. Die Fälle in denen für die jungen Menschen während der Hilfe „keine maßgebliche Veränderung“ in wichtigen Entwicklungsbereichen erzielt und die Fälle in denen der Ertrag für die AdressatInnen als eher nicht gelungen eingeschätzt wird, werden zu eher nicht gelungenen Maßnahmen gebündelt.

Tab.: Bilanzierte Zufriedenheit in Korrelation zu erfolgreichen Maßnahmen

Entwicklungen der jungen Menschen	Bilanzierung der Zufriedenheit der AdressatInnenbeteiligung					
	Typ A	%	Typ B	%	Typ C	%
erfolgreiche Maßnahme	14	21,9	39	61,1	1	1,6
eher nicht gelungene Maßnahme	-	-	5	7,7	5	7,7
Total*	14	21,9	44	68,8	6	9,3
						n = 64

*Aufgrund des explorativen Charakters der Studie und der damit verbundenen geringen Fallzahl kann die Erhebung nur erste Hinweise geben.

Generell konnte erst einmal nachgezeichnet werden, dass die AdressatInnen ihren Beteiligungschancen im Hilfeverlauf große Bedeutung beimessen.

Zudem zeigt sich, dass die Befragten die ihre Beteiligungschancen in allen Phasen des Problembearbeitungsprozesses hoch einschätzen, den Erfolg der Maßnahme positiver bewerten, als diejenigen AdressatInnen die ihre Beteiligungschancen als nur mittelmäßig oder gering beurteilen. AdressatInnen, die ihren Angaben nach nur geringe Beteiligungschancen besaßen, bewerten den Erfolg der Maßnahmen negativer als alle anderen.

Das Partizipation nicht nur im Sinne der festgestellten Diversifikation des Nachfragepotentials der AdressatInnen von theoretischer Bedeutung ist, zeigen die empirischen Ergebnisse und somit ist Partizipation nachweisbar ein subjektiver Wert und wichtiger Grund für die Zufriedenheit der jungen Menschen, der Eltern/Sorgeberechtigten und der Fachkräfte des Jugendamtes mit den erhaltenden Jugendhilfeleistungen und steht in Korrelation zu erfolgreichen Hilfeverläufen/Maßnahmen.

4.3.7.1 Fachlich geplante Beendigung/Verlegung

Übergänge aus einer Hilfe zurück in die Familie oder in die Selbstständigkeit sind ein wichtiger Einschnitt in den Lebensverläufen der jungen Menschen. Auf den Stellenwert der Planung und Beendigung einer Hilfe und auf den vielfältigen Handlungsbedarf verweisen nicht nur im Bezug auf schwierige und dynamische Hilfeverläufe eine Anzahl von Veröffentlichungen (vgl. Schwabe 1996b; Thimm 1995; Ginzel und Schone 1990; Freigang 1986). Vor diesem Hintergrund müssen Maßnahmen zur Vorbereitung solcher Übergänge, die den Neuanfang der jungen Menschen nach der Zeit im Heim unterstützen sollen, in Zusammenarbeit zwischen Jugendhilfeeinrichtung und Jugendamt in der abschließenden Hilfeplanung gut gestaltet werden. Es müssen Angebote aufgezeigt werden, die es dem jungen Menschen ermöglichen, sich in Schwierigkeiten unterstützt zu sehen und kompetente AnsprechpartnerInnen zu finden. Zwischen der Einrichtung, den jungen Menschen und auch den Eltern/Sorgeberechtigten zeichnen sich oftmals in der Interaktion während des Hilfeverlaufs belastende Dynamiken ab, die am Ende zu eskalieren drohen. So kommen diese Aspekte zu einer fachlich zu beendenden Maßnahme erschwerend dazu. Daraus entwickeln sich unter Umständen krisenhafte und verwickelte Verläufe, aus denen eventuell einer der Beteiligten "aussteigt" und die Kooperation sich somit aufkündigt. Durch eine planvolle und reflektierte Gestaltung von Übergängen und durch die schrittweise Vorbereitung auf die weiteren Lebenszusammenhänge der jungen Menschen wird eine erfolgreiche Maßnahme weiter ausgestaltet.

Tab. : Fachlich geplante Beendigung/ Verlegung

Fachlich geplante Beendigung/ Verlegung		
		%
ja	33	82,5
nein	6	15,0
keine Aussage	1	2,5
Total	40	
		n = 40

Eine fachlich geplante und reflektierte Beendigung der Hilfe oder Verlegung in eine andere Maßnahme kann in 82,5% der untersuchten Fälle bilanziert werden. In 15,0% der untersuchten Fälle kommt keine fachlich geplante und reflektierte Beendigung der Maßnahme zustande. In einem Fall konnte zur geplanten und reflektierten Beendigung keine Aussage getroffen werden.

Tab. : Gründe für die Verlegung/Beendigung

Gründe für die Verlegung/ Beendigung						
	Mädchen		Jungen		Gesamt	
		%		%		%
erfolgreich abgeschlossen	16	76,2	13	68,5	29	72,5
Überleitung in andere Hilfen	3	14,2	4	21,0	7	17,5
Beendigung durch junge Menschen	1	4,8	2	10,5	3	7,5
nicht benannt	1	4,8	-	-	1	2,5
Total	21	100	19	100	40	100
						n = 40

In 72,5% der Fälle gelten die Hilfeverläufe als erfolgreich abgeschlossen. In der gesamten Untersuchungspopulation beendigen oder verändern 7,5 % der jungen Menschen die angebotene Hilfe auf eigenen Wunsch. In 17,5 % der Fälle wird die Beendigung/Verlegung auf Veranlassung der Einrichtung oder der Fachkräfte des Jugendamtes vollzogen. In 2,5% aller Fälle lassen sich die Gründe nicht feststellen.

Ob es sich bei den benannten Phänomenen um professionelle selektive Wahrnehmungen oder Zuschreibungen handelt und was hier der Realität entspricht, lässt sich nicht abschließend klären. Einerseits sind es tatsächlich die jungen Menschen selbst, die die angebotenen Unterstützungsleistungen nicht mehr annehmen wollen. Andererseits wird deutlich, dass MitarbeiterInnen der Jugendhilfeeinrichtung und des Jugendamtes an ihre Grenzen stoßen und ihre Zuständigkeit aufkündigen. Diese Aufkündigung verknüpft Hartwig 1990 für Mädchen mit der fehlenden Bearbeitung der sexuellen Gewalterfahrung: „Ihre Überlebensstrategien (der Mädchen mit sexuellen Gewalterfahrungen A.d.V.) werden ihnen zunehmend als individuelle Auffälligkeiten und fehlende Anpassung an die institutionellen Bedingungen im Heim zugeschrieben" (Hartwig 1990, S. 264)."

Die Praxiserfahrungen der Erziehungshilfeeinrichtungen machen deutlich, dass es häufig bei dem Erreichen der Volljährigkeit zu einer Beendigung der Hilfe kommt. Für den „schwierigen" jungen Menschen oder den „problematischen" Jugendlichen haben sich bis dahin die Fachkräfte der Jugendhilfe verantwortlich gefühlt. Trotz der anders lautenden Intention des KJHG kommt es mit dem erreichen der Volljährigkeit zu vielen Entlassungen. Es werden aber weiterhin junge Menschen im Altersspektrum von 18-21 Jahren betreut und die Jugendhilfe schöpft hier die ihr zur Verfügung stehenden Möglichkeiten und Mittel weitestgehend aus.

Tab. : Wohnsituation der jungen Menschen im Anschluss
an die Hilfe

Wohnsituation im Anschluss an die Hilfen						
	Mädchen		Jungen		Gesamt	
		%		%		%
eigene Wohnung	16	76,2	13	68,5	29	72,5
Eltern/ Sorgeberechtigte	-	-	-	-	-	-
andere Wohnform unserer Einrichtung	3	14,2	4	21,0	7	17,5
andere Einrichtung der Jugendhilfe	1	4,8	-	-	1	2,5
sonstiges	-	-	2	10,5	2	5,0
nicht benannt	1	4,8	-		1	2,5
Total	21	100	19	100	40	100
						n = 40

Die jungen Menschen kehren seltener in ihre Ursprungsfamilie zurück, sie haben in 72,5% der Fälle im Anschluss an die Hilfe eine eigene Wohnung. In keinem aller Fälle kehren sie in ihr Elternhaus zurück. In 17,5% der Fälle ziehen die jungen Menschen in andere Wohnform unserer Einrichtung. 2,5% der jungen Menschen wechseln in eine andere Jugendhilfeeinrichtung. In 7,5% der Fälle ist eine Analyse der Wohnsituation nicht möglich. In der geschlechterspezifischen Betrachtung zeichnet sich ab, dass nach der Beendigung der Maßnahme oder dem Wechsel der Betreuungssituation signifikant mehr junge Frauen in einer eigenen Wohnung leben und in keinem der betrachteten Fälle in ihre Ursprungsfamilie zurückkehren.

4.3.7.2 Fachliches Handeln und die Entwicklung der jungen Menschen

Während der Hilfe werden die Entwicklungen der jungen Menschen maßgeblich durch das Handeln der Einrichtung beeinflusst. Die folgende Tabelle, in der die verschiedenen Aspekte fachlichen Handelns stark verdichtet sind, zeigt inwieweit die verschiedenen Aspekte Auswirkungen auf den Erfolg der Hilfe haben. Die Aussagen der zwei Untersuchungsteile sind gebündelt dargestellt. Die Verdichtungen wurden folgendermaßen vorgenommen: Fachliches Handeln bedeutet, dass sowohl die jungen Menschen wie auch die Fachkräfte des Jugendamtes und/oder die Eltern/Sorgeberechtigten in der summative Zusammenschau die einzelnen fachlichen Standards als eingehalten bewerten. Bei unterschiedlicher Bewertung der Einhaltung der Standards wurde der Fall zur schlechteren Bilanzierungskategorie zugeordnet. Die positiven Entwicklungen und die in Ansätzen positiven Entwicklungen wurden positiven Entwicklungen zugeordnet. Zu negativer Entwicklung wurden die beiden Kategorien keine maßgebliche Veränderung und keine Bilanzierung möglich zusammengefasst.

Tab. : Fachliches Handeln und die Entwicklungen der jungen Menschen

Fachliches Handeln	Die Entwicklungen der jungen Menschen					
	positive Entwicklung	%	negative Entwicklung	%	Ges.	%
fachlich qualifiziertes Handeln	16	48,5	5	71,4	21	52,5
in Ansätzen fachlich qualifiziertes Handeln	12	36,4	1	14,3	13	32,5
kein fachlich qualifiziertes Handeln	4	12,1	1	14,3	5	12,5
Bilanzierung nicht möglich	1	3,0	-	-	1	2,5
Total	33	100	7	100	40	100

Werden die Standards fachlichen Handelns in der Einrichtung eingehalten, gelingen 48,5% der Hilfeverläufe. Werden die fachlichen Standards nur in Ansätzen eingehalten gelingen nur noch 36,4% der Hilfeverläufe. Werden die fachlichen Standards nicht eingehalten verlaufen nur noch 12,1% an Hilfen mit positiver Entwicklung. Die Chance auf einen gelingenden Hilfeverlauf wird durch die Einhaltung der fachlichen Standards signifikant erhöht.

5 Resümee

Wirtschaftlichkeit definiert sich im WohnGemeinschaftenVerbund insbesondere durch den Erfolg und die begrenzte Dauer der Maßnahme. (Klein-)Gruppenpädagogik in Jugendwohngemeinschaften hat sich als „moderne Hilfeform" in unterschiedlichster Ausprägung in der Jugendhilfelandschaft etabliert und erfüllt seine Funktion der Verselbstständigung junger Menschen in weiten Teilen. Auch Jugendliche, die im Anschluss an mehrere (zum Teil gescheiterte) Hilfen in Jugendwohngemeinschaften aufgenommen werden, können hier in den meisten Fällen Ressourcen mobilisieren, die ein trägfähiges Betreuungssetting und einen positiven Hilfeverlauf ermöglichen. Die Hilfe ist für einige Betreute erst eine unbekannte Größe mit neuen Einschränkungen. Einerseits wird sie verführerisch für „Ausschweifungen", andererseits nicht als „isolierend" erlebt. Junge Menschen, die in dieser überschaubaren Wohnkonstellation leben, können sich so auf eine Betreuungsperson vertrauensvoll einlassen. Sie lernen in diesem Feld die nötigen lebenspraktischen Fähigkeiten und schaffen es selbstständig und eigenverantwortlich Ziele und Perspektiven zu entwickeln.

In seiner Praxis erlebt der/die SozialpädagogIn politisch-gesellschaftliche Bedingungen häufig als widrige Zufälle, die verhindern, dass sich eine gut gemeinte Planung verwirklichen lässt. Die sozialpädagogische Praxis hängt nicht nur von ihm/ihr ab, auf welche Widerstände er/sie stößt, welche Gegenkräfte er/sie wachruft, hängt auch von den „Randbedingungen" seines/ihres Arbeitsfeldes ab – die im gesellschaftlichen Leben oftmals Hauptbedingungen sind. Die sozialpädagogische Didaktik stößt an eine sachliche notwendige Grenze, wenn es um das zwischenmenschliche Handeln mit den zu Erziehenden geht. Dieser Umgang kann und darf nicht vollkommen der Planung unterworfen werden.

Soweit das pädagogische Handeln im zwischenmenschlichen Umgang besteht, hat es im Wesentlichen die gleiche Struktur wie menschliches Handeln überhaupt: Mein Handeln begegnet dem Handeln des anderen. Ich stoße auf Situationen, über die ich nicht vollständig verfügen kann, wenn ich den anderen als Partner ernst nehme. Ich muss von meinem Gegenüber lernen, um etwas über ihn zu erfahren. Wenn ein/eine SozialpädagogIn glaubt, mit seiner/ihrer Planung das zukünftige Geschehen in der Gruppe umfassend festgelegt und gedanklich vorweggenommen zu haben, hat er/sie die Arbeit gründlich missverstanden. Es ist zu befürchten, dass er/sie gerade aufgrund dieser missverstandenen Planung wichtige Anlässe zu spontanem Handeln übersehen wird. Die menschliche Existenz schrumpft dabei zusammen auf ein paar gelernte Reaktionen in einem vorgegebenen System. Gute, lebendige didaktische Arbeit „nährt" sich jedoch aus der Kommunikation mit der/den Gruppe/Gruppenmitgliedern.

Im Bereich der erzieherischen Hilfen findet in den letzten Jahren eine breite Diskussion um Beteiligung der jungen Menschen als Qualitätsmerkmal und „Modernisierungsinstrument einer an effektivitäts- und legitimationsgrenzenden Jugendhilfe" (Trede 1998, S. 324; Fitz-Winter/Späth 1996) statt. Dabei darf der Abbau sozialstaatlicher Ansprüche und damit der Abbau von Ressourcen nicht außer Acht gelassen werden. Darin begründen sich das Verhältnis von Rechten und Ressourcen und damit die Frage danach, inwieweit der Abbau von Ressourcen auch einen Abbau von Rechten der Leistungsberechtigten mit sich bringt (vgl. Struck 1998).

Im Rahmen der Hilfeplanung sind für die Realisierung der Interessen und Ansprüche junger Menschen Verfahren notwendig, die einen hohen Anspruch an die soziale, fachliche und kommunikative Kompetenz, an die Reflexionsbereitschaft, sowie an die Bereitschaft aller Beteiligten stellt, sich einzulassen. Als Grundlage dieser Aushandlungsprozesse und Ausgangspunkt von Beteiligung ist das professionelle Verstehen von Lebenslagen und Lebensäußerungen der jungen Menschen anzusehen.

Es ist danach zu fragen, wie unterlegene Positionen im Aushandlungsprozess unterstützt und gestärkt werden können. Aushandlungsprozesse bergen

Interessengegensätze, Konflikte und Machtverhältnisse in sich und haben nicht immer nur harmonischen Prozesscharakter. Es gilt den formalisierten, institutionellen Verfahren, die es den jungen Menschen ermöglichen, sich auf ihre Rechte zu berufen, zu widersprechen, sich zu beschweren und zu verbessern. Wie Beschwerdeverfahren zu einem selbstverständlichen Bestandteil jeder Einrichtung und zugleich zu einem wichtigen Instrument der Qualitätssicherung werden, kann aus anderen Ländern wie den Niederlanden und England gelernt werden, dort können Mädchen und Jungen sich systematisch über ihre Rechte informieren. Eine jugendgerechte Textfassung des Jugendhilfegesetzes wäre schon als ein erster Schritt zu bezeichnen (vgl. Hansen 1999).

Der Zusammenhang von Zielen, Mitteln und Resultaten kann in der Erziehung nicht zweifelsfrei hergestellt werden und die Frage, was erzieherische Hilfen leisten können, in welcher Form Kinder und Jugendliche von ihnen profitieren, ist nur schwer eindeutig zu beantworten. Wie die Entwicklung der jungen Menschen ohne erzieherische Hilfen verlaufen wäre, welche Einflüsse das sichtbare Resultat hervorgebracht haben und welchen Anteil die pädagogische Intervention hat, unterliegt der Kontingenz und kann ebenso wenig abschließend bewertet werden. Förderliche oder hinderliche Bedingungen und Einflüsse für einen positiven Verlauf können jedoch durch Evaluation, bezogen auf den Einzelfall, in der Summierung aber auch verallgemeinert und mit dem Anspruch auf Repräsentativität, erkannt und aufgezeigt werden (vgl. BMFSFJ 1998; Schriftenreihe 170).

Durch das vorliegende Forschungsdesign lässt sich der Erfolg für die jungen Menschen in lediglich sehr allgemeine Kategorien fassen. Die Aussagen über fachliches Handeln der MitarbeiterInnen der Einrichtung und des Jugendamtes kann nur anhand Minimalstandards erfolgen, in denen die individuelle Ausgestaltung des Standards im Einzelfall nicht mehr erkennbar sein kann. Wichtig bleiben die aus ihnen resultierenden Ergebnisse trotz allem, obwohl in der Gesamtschau die Aussagekraft dieser Kriterien und Standards eingeschränkt ist.

Die untersuchten erzieherischen Hilfen im Wohngemeinschaften- Verbund sind in ihrem Ertrag für die AdressatInnen der Hilfe als sehr positiv zu bewerten. In 85,9% der Fälle stufen die jungen Menschen, in 74,6 % der Fälle die Eltern/Sorgeberechtigten und in 80,8% die Fachkräfte des Jugendamtes die erbrachten Hilfeleistungen als förderlich ein. Die Zukunftschancen der jungen Menschen verbessern sich ebenso wie ihre Lebenssituation. Der verbleibende Rest zeigt innerhalb der untersuchten Hilfeformen die Grenzen der erzieherischen Hilfen auf. Teilweise verschlechtert sich die Situation der jungen Menschen und sie können somit von der angebotenen Hilfe nicht profitieren.

Die Ergebnisse der Petra Studie beziffern die Quote der „erfolgreichen Abschlüsse“ in dieser Hilfeform als beeindruckend hoch.

Die unterschiedlichen Aspekte des fachlichen Handelns bilden deutlich die Wichtigkeit und die Bedeutung der Struktur- und Prozessqualität ab. In dem Resümee weisen die Ergebnisse darauf hin, dass sich fachliches Handeln auf der Grundlage der hier definierten Standards auszahlt. Zum Einen gibt es neben diesen "eindeutigen“ Hilfeverläufen eine nicht zu vernachlässigende Zahl an Fällen, in denen Zusammenhänge kaum sinnvoll interpretiert werden können. Anderseits gibt es Fälle, in denen die Bereitschaft der Adressaten zur Beteiligung an der vorliegenden Evaluationsstudie nicht vorhanden war. Es gibt aber auch eine Gruppe von jungen Menschen, deren Hilfe am Ende scheitert oder die Bilanzierung keine positiven Veränderungen bringt, obwohl die wesentlichen Standards in der Einrichtung eingehalten wurden. Ob eine andere Hilfe ein im Einzelfall adäquateres Setting geboten hätte oder mehr Unterstützung hätte bereitstellen können, darüber können in diesem Zusammenhang keine Aussagen gemacht werden. Es gibt junge Menschen die auch unter schwierigsten Umständen in der Einrichtung verbleiben und es gibt junge Menschen die sich der pädagogischen Einflussnahme entziehen. Ob und inwieweit sich diese Ergebnisse durch den Evaluationsprozess der Einrichtung verändert oder verbessert darstellen, muss hier ebenso unbeantwortet bleiben, wie die zukünftig erwarteten Chancen der Verbesserung der Struktur-, Prozess- und Ergebnisqualität - initiiert durch den vereinbarten Qualitätsdialog mit dem öffentlichen Träger - der sozialen Dienstleistungsproduktion.

Diese Aussagen sollen nicht das zentrale Ergebnis verfälschen: Wenn in der Einrichtung und bei den beteiligten Kooperationspartnern grundlegende Standards, wie sie im Kinder- und Jugendhilfegesetz als rechtliche Rahmenbedingungen und nach den Maximen einer lebensfeldorientierten Jugendhilfe formuliert sind, eingehalten werden, dann steigen die Chancen für das Gelingen einer Hilfe. Auch wenn es kein Garant für das Gelingen einer Hilfe sein kann, zahlt sich fachliches Handeln permanent aus (vgl. zentrale Ergebnisse der Aktenanalyse des Projektes „Jugendhilfe Leistungen“ 1998).

Im Hinblick auf die hier vorliegenden Ergebnisse sollte die im Zeichen der drängenden Sparpolitik aufgeworfene Diskussion um eine Reduzierung der Jugendhilfeleistungen zur Kosteneinsparung in einem anderen Licht geführt werden. Die Frage nach dem Nachweis der Leistungen und der damit verbundenen Kosten ist zwar notwendig, sie muss aber in Korrelation zu dem konkreten Nutzen für die Adressaten der Hilfe gestellt werden. Professionelles sozialpädagogisches Handeln hat seinen angemessenen Preis und zahlt sich aus, es darf sich somit nicht nur auf rein wirtschaftliche Diskussionen reduzieren lassen.

Liegt der Fokus der Betrachtung im Mikrokosmos der sozialen Arbeit, bilden die unterschiedlichsten Aspekte fachlichen Handelns die Wichtigkeit und die Bedeutung des funktionierenden Qualitätsmanagements in Einrichtungen und Diensten der sozialen Arbeit ab. Die zusammengefassten Ergebnisse weisen darauf hin, dass sich fachliches Handeln auf der Grundlage der hier definierten Standards auszahlt. Diese inhaltlichen Zusammenhänge gilt es im Kontext fachlicher Diskurse, Ergebnissen anderer Studien und Erfahrungswerten aus der Praxis auf ihre Tragfähigkeit hin zu interpretieren und zu hinterfragen.

6 Literaturübersicht

AHLHEIT, P./HOERNING; E.M. (Hg.) 1989: Biographisches Wissen. Beiträge zu einer Theorie lebensgeschichtlicher Erfahrung. Frankfurt/Main/New York

BAURIEDL, T. 1994: Auch ohne Couch, Psychoanalyse als Beziehungstheorie und ihre Anwendung. Stuttgart

BETHEL, Geschäftsführende Leitung Eckhardtsheim, 1999: Qualitätsmanagement in Eckhardtsheim. Bielefeld

BEWYL, W., 1998: Evaluation in der Kinder- und Jugendhilfe. In: Landschaftsverband Rheinland/Landesjugendamt (Hg.), Jugendhilfe Report 1/1998, 3-7

BLANDOW, J. u.a., 1986: Erzieherische Hilfen – Untersuchungen zu Geschlechterrollentypisierungen in Einrichtungen und Diensten der Jugendhilfe, in: Freigang, Werner u.a.: Mädchen in Einrichtungen der Jugendhilfe. Opladen, S. 133-227

BUNDESMINISTERIUM FÜR FAMILIE, SENIOREN, FRAUEN UND JUGEND, 1998: Leistungen und Grenzen von Heimerziehung. Schriftenreihe Band 170. Bonn

EBELING,R. 2002: Evaluation des Qualitätsmanagements der Jugendhilfe am Beispiel des Eckehardter Modells. Stuttgart

EBELING,R. (Hg.), 2002: Qualitätsdialoge in der Jugendhilfe Eckehardt. Professionalisierung und Ökonomisierung der Sozialen Arbeit zur strukturierten Bewertung der „Güte“ der sozialen Dienstleistung. Stuttgart

EREV, 1998: Qualitätsentwicklung und Bewertung in der Sozialen Arbeit. Systematische Ansätze und Verfahren. Schriftenreihe 4/98

EREV, 1999: Qualitätsentwicklungsvereinbarung nach §78 b KJHG. Begründung- Umsetzung- Fortschreibung. Schriftenreihe 2/99

EREV, 2000: Leistungen und Grenzen von Heimerziehung. Forschungsergebnisse im Spiegel der Praxis. Schriftenreihe 2/2000

EREV, 2000: Qualitätsentwicklung. Schriftenreihe 3/00

FITZ-WINTER, K./SPÄTH, K., 1996: Die Respektierung von Beteiligungsrechten von Kindern und Jugendlichen bei der Entscheidung über Hilfen zur Erziehung und bei der Hilfeplanung. In: van den Boogart, H. u.a. (Hg.): Rechte von Kindern und Jugendlichen. Wege zu ihrer Verwirklichung. Münster, S. 107-117

FLÖSSER, G., 1999: Die Qualität sozialer Dienstleistungen. Modelle zur Qualitätsbemessung und Qualitätssicherung, Habilitationsschrift an der Fakultät für Pädagogik. Universität Bielefeld

FREIGANG, W., 1986: Verlegen und Abschieben. Zur Erziehungspraxis im Heim. Weinheim/München

FRENCH, WENDEL/BELL, C jr., 1977: Organisationsentwicklung. Bern/Stuttgart

GERULL, P., 1996: Zukunftssicherung oder Fehlinvestition? Zur Effektivität stationärer Heimerziehung. In: Unsere Jugend 3/1996

GINTZEL, U./SCHONE, R. (Hg.), 1990: Zwischen Jugendhilfe und Jugendpsychiatrie. Konzepte, Methoden, Rechtsgrundlagen. Münster

GIRSCHNER, W. 1990: Theorie sozialer Organisationen. Eine Einführung in Funktionen und Perspektiven von Arbeit und Organisationen in der gesellschaftlich–ökologischen Krise. Juventa Verlag. Hurrelmann, K. (Hrsg.) Weinheim; München

GRODDECK, N./SCHUHMANN, M. (Hg.), 1994: Modernisierung Sozialer Arbeit durch Methodenentwicklung und –reflexion. Freiburg i.B.

HAMBURGER, F., MÜLLER, H., PORR, C., 1994: Untersuchungen über aktuelle Probleme in der Heimerziehung in Rheinland-Pfalz. Mainz

HANSEN, E., 1999: Mehr als nur "Kummer- und Meckerkästen, Reklamationen im sozialen Dienstleistungsbereich: Großbritannien als Beispiel für ein formalisiertes Beschwerdeverfahren. In: sozial extra, Heft 3, S. 1-5

HARTWIG, L., 1990: Sexuelle Gewalterfahrung von Mädchen. Konfliktlagen und Konzepte mädchenorientierter Heimerziehung. Weinheim/München.

HEINER, M. (Hg.), 1996: Qualitätsentwicklung durch Evaluation. für die Entwicklung von Qualitätssicherungsmodellen, Freiburg i.B.

HEINER, M.; MEINHOLD, M.;SPIEGEL V., H.; STAUB-BERNASCONI, S. 1994: Methodisches Handeln in der sozialen Arbeit. 2 Aufl. Lambertus Verlag- Freiburg im Breisgrau

JAKOB, G./VON WENERSKI, H.-J. (Hg.), 1997: Rekonstruktive Sozialpädagogik. Konzepte und Methoden sozialpädagogischen Verstehens in Forschung und Praxis. Weinheim/München

KLATETZKI, TH., 1994: Nachdenken in Organisationen. In: Rose, B (Hg.), ...und es bewegt sich doch. Hamburg

KÖGLER, A. 1974: Die Entwicklung von Randgruppen in der BRD. Göttingen

KÖNIG, O. 1996: Macht in Gruppen: gruppendynamische Prozesse und Interventionen 2. Aufl.- München: Pfeiffer, 1998 in Reihe Leben lernen; Nr. 106

KONZEPTENTWURF 2001: WGV Bielefeld der Jugendhilfe Eckehardt in den v. Bodelschwingshen Anstalten Bethel. Bielefeld

KRÖGER, R., 1998: Niedersächsische Rahmenvereinbarungen nach § 77 KJHG zu Kostensätzen in der Jugendhilfe. In Jugendhilfe 2, 93-103

MAU, S., 1997: Tanja fragt man nicht. In: Forum Erziehungshilfen, Heft 3, 3. Jg., S. 148-150

MARTIN, E. 1989: Didaktik der sozialpädagogischen Arbeit. Eine Einführung in die Probleme und Möglichkeiten. Juventa Verlag. Weinheim; München

MEINHOLD, M., 1996: Qualitätssicherung und Qualitätsmanagement in der sozialen Arbeit. Freiburg i.Br.

MERCHEL, J.(Hg.), 1998: Qualität in der Jugendhilfe. Kriterien und Bewertungsmöglichkeiten. Münster

MÜNDER, J. u.a.,1998: Frankfurter Lehr- und Praxis- Kommentar zum KJHG/SGB VIII. Münster

OLK, TH./OTTO, H.-U. 1981: Wertewandel und Sozialpolitik - Entwicklungsperspektiven kommunaler Sozialarbeitspolitik. In: Neue Praxis, 11 Jg., Nr. 2, S. 99-146

PANKHOFER, S., 1997: Freiheit hinter Mauern. Mädchen in geschlossenen Heimen. Weinheim/München

PLANUNGSGRUPPE – PETRA, 1988: Was leistet Heimerziehung? Ergebnisse einer empirischen Untersuchung. Frankfurt/Main

SCHWABE, M., 1996b: Eskalation und De- Eskalation in Einrichtungen der Jugendhilfe. Konstruktiver Umgang mit Aggression und Gewalt in Arbeitsfeldern der Jugendhilfe. Frankfurt/Main

SPIEGEL, H. von, 1998: Selbstevaluation – Qualitätsentwicklung und Qualitätssicherung "von unten". In Merchel, J. (Hg), a.a.O., 351-373

SPIEGEL, H. von, 2000: Jugendarbeit mit Erfolg. Arbeitshilfen und Erfahrungsberichte zu Qualitätsentwicklung und Selbstevaluation in der Offenen Kinder- und Jugendarbeit. Münster

STATISTISCHES BUNDESAMT (Hg.), 1997: Statistisches Jahrbuch für die Bundesrepublik Deutschland 1996. Wiesbaden

STRUCK, N., 1998: Abbau von Ressourcen - Abbau von Rechten. In: Forum Erziehungshilfen, Heft 4, 4.Jg., S. 196-203

THIERSCH, H., 1997: Leistungen der Jugendhilfe – am Beispiel einer Untersuchung zur Heimerziehung. In: EREV (Hg.) Leistung und Qualität in der Jugendhilfe. Hannover, 14-28

THIERSCH, H., 1992: Lebensweltorientierte Soziale Arbeit. Aufgaben der Praxis im sozialen Wandel. Weinheim/München

THIMM, K., 1995: „Unbetreubare" Jugendliche – Abbrüche in stationärer Heimerziehung. In: Soziale Arbeit, 44 Jg., Heft 7, S. 232-235

TREDE, W., 1998: Lebensfeldorientierte Soziale Arbeit. Aufgaben der Praxis im sozialen Wandel, 2. Auflage. Weinheim/München

WOLFF, M. 1995: Erfahrungen, Meinungen. In: Sozialpädagogik, Heft 6, 36 Jg., S. 81-83

WOLF, K. 1996:Betreutes Wohnen- lebensweltorientierte Betreuung in synthetischen Gemeinschaften?, in: Evangelische Jugendhilfe, 73. Jg., Heft 1, S. 3-14

7 Anlage

Untersuchungsteil: Kinder/ Jugendliche

Name des/der InterviewerIn ____________________V001a

Dieses Deckblatt wird von dem/der InterviewerIn ausgefüllt:

Lfd.: Nr.:______________V001b

Datum : Quartal / Jahr ________________ V 001

Bitte die entsprechende Kennzahl unterstreichen!

Gruppe :	Kennzahl	V 002
IWG 1	1	
IWG 2	2	
AWG Fichtenweg	3	
Intensivgruppe	4	
Wochengruppe	5	
WGI	6	
WGV Bielefeld	7	
Betreutes Wohnen	8	
Mobile Betreuung	9	
Tagesgruppen	10	
Flexible Betreuung/ Erziehungsbeistandschaft	11	

Erstinterview	( )1	V 003
Veränderung der Maßnahme	( )2	
Beendigung der Maßnahme	( )3	

Wie lange hast du in dieser Wohnform gelebt? Monat/Jahre _____________V 003c

Wie wurde der Fragebogen ausgefüllt? V 003d

- selbstständig ( ) 1
- mit geringer Hilfe ( ) 2
- mit erheblicher Hilfe ( ) 3

Diese Untersuchung ist anonym!

	Fragen zur Person		
Frage 1	***Geschlecht:***		
	Männlich Weiblich	□(1) □(2)	V 004
Frage 2	**Alter:**		
	.... Jahre		V 005
Frage 3	**Ich bin zur Zeit Schüler / Schülerin:** ***(Auszubildende sind Berufsschüler oder Berufsschülerinnen)***		
	Ja □ (2) **Nein** □ (1) ***Wenn ja, bitte die Frage 3a ausfüllen!***		
Frage 3a	**Ich bin zur Zeit Schüler/Schülerin der Schulform:**		
	Sonderschule Hauptschule Realschule Fachoberschule Gymnasium Gesamtschule Berufsschule in Eckhardtsheim Berufsschule außerhalb Eckhardtsheim Sonstige Schulform..	□(1) □(2) □(3) □(4) □(5) □(9) □(6) □(7) □(8)	**V 006**
Frage 4	**Welche Staatsangehörigkeit besitzt Du?**		
	Deutsch Sonstige Staatsangehörigkeit, nämlich:	□(1) □(2)	V 007
Frage 5	**Wo bist Du geboren?**		
	Deutschland Sonstiges Land, nämlich:	□(1) □(2)	V 008
Frage 6	**In welcher Familien- Lebenssituation hast du hauptsächlich, in den letzten 3 Jahren, vor der Unterbringung in dieser Wohnform gelebt?** **Es ist nur eine Antwort möglich!**		
	leibliche Eltern ein Elternteil ein Elternteil mit neuem Partner Pflege-/ Adoptivfamilie Großeltern andere Jugendhilfeeinrichtung andere Wohnform unserer Einrichtung psychiatrische Einrichtung ständig wechselnde Familien- Lebenssituationen Sonstiges:	□(1) □(2) □(4) □(10) □(5) □(6) □(11) □(7) □(8) □(9)	V 009

Frage 7	**Was kannst Du zu der Wohnsituation, dem Wohnumfeld und der Betreuungssituation in der Du bei uns gelebt hast, sagen?**					
	stimme gar nicht zu (1)	stimme eher nicht zu (2)	stimme eher zu (3)	stimme völlig zu (4)	trifft für mich nicht zu (5)	
Mein Zimmer oder meine Wohnung war für mich groß genug.	□	□	□	□	□	V 011
Die Ausstattung meines Zimmers oder meiner Wohnung war für mich ausreichend.	□	□	□	□	□	V 012
In meinem Zimmer oder meiner Wohnung konnte ich mich wohl fühlen.	□	□	□	□	□	V 013
Ich hatte einen geeigneten Raum, um für mich Ruhe zu bekommen.	□	□	□	□	□	V 014
In war mit der Lage meiner Gruppe/ Wohnung zufrieden.	□	□	□	□	□	V 014a
Mir wurde gesagt, wie viel Eigengeld mir zusteht.	□	□	□	□	□	V 020
Ich konnte meine Eigengeldkontoauszüge einsehen.	□	□	□	□	□	V 021
Auch in Krisen- und Konfliktsituationen hatte ich von Seiten der Einrichtung die Möglichkeit mit meinen Eltern Kontakt aufzunehmen.	□	□	□	□	□	V 023
Auch in Krisen- und Konfliktsituationen hatte ich von Seiten der Einrichtung die Möglichkeit mit meinem Jugendamt Kontakt aufzunehmen.	□	□	□	□	□	V 024
Meine Erzieher hatten genügend Zeit für mich.	□	□	□	□	□	V 026
Ich fühle mich ausreichend verpflegt.	□	□	□	□	□	V 028
Es gab klare Regeln und Absprachen in der Gruppe.	□	□	□	□	□	V 029

Frage 8	*Was meinst Du zu folgenden Aussagen?*					
	stimme gar nicht zu (1)	stimme eher nicht zu (2)	stimme eher zu (3)	stimme völlig zu (4)	trifft für mich nicht zu (5)	
Ich wusste, bei wem ich mich beschweren konnte.	□	□	□	□	□	V 016
Ich hatte das Gefühl mich beschweren zu können ohne einen Nachteil zu haben.	□	□	□	□	□	V016a
Beschwerden wurden ernst genommen.	□	□	□	□	□	V 017
In Konfliktsituationen zwischen mir und den Mitarbeitern wurde eine verantwortliche Leitungsperson eingeschaltet.	□	□	□	□	□	V017a
Ich konnte mich an Entscheidungen in der Gruppe beteiligen.	□	□	□	□	□	V 018
Ich konnte mich an der Vereinbarung der Regeln in der Gruppe beteiligen.	□	□	□	□	□	V 019
Bei wichtigen mich betreffenden Entscheidungen war ich beteiligt.	□	□	□	□	□	V 025
Meine Wünsche und eigenen Ziele wurden im Hilfeplan berücksichtigt.	□	□	□	□	□	V024a

Frage 9	***Bist Du mit dem Ausmaß der Beteiligung zufrieden?***				
		nein	**ja**	**trifft für mich nicht zu**	
Bei der Gestaltung der Gruppe/ Wohnung.		□(1)	□(2)	□(3)	V018a
Bei der Auswahl der Mitbewohner oder Mitbewohnerinnen.		□(1)	□(2)	□(3)	V018c
Bei der Hilfeplanung.		□(1)	□(2)	□(3)	V018d
Bei der Auswahl des Bezugsmitarbeiters/ der Bezugsmitarbeiterin.		□(1)	□(2)	□(3)	V018e

Frage 10	***Inwieweit hast Du Dich in der Betreuung geschützt gefühlt?***					
	stimme gar nicht zu (1)	stimme eher nicht zu (2)	stimme eher zu (3)	stimme völlig zu (4)	trifft für mich nicht zu (5)	
Vor anderen Jugendlichen aus der eigenen Gruppe/ Wohnung.	□	□	□	□	□	V 031
Vor Besuchern der Gruppe/ Wohnung.	□	□	□	□	□	V027a
Vor Familienmitgliedern.	□	□	□	□	□	V027b
In der Schule/ am Arbeitsplatz.	□	□	□	□	□	V027c

Frage 11	Hier wollen wir Dir einige Fragen zu Freizeitangeboten stellen. Wie stehst Du zu folgenden Aussagen?					
	stimme gar nicht zu (1)	stimme eher nicht zu (2)	stimme eher zu (3)	stimme völlig zu (4)	trifft für mich nicht zu (5)	
Es ausreichend Freizeitangebote mit den Betreuern.	☐	☐	☐	☐	☐	V032a
In der Einrichtung gab ausreichend Freizeitangebote.	☐	☐	☐	☐	☐	V032c
Ich konnte die Freizeitangebote mitgestalten.	☐	☐	☐	☐	☐	V032
Ich konnte Treffpunkte für Freizeitangebote gut erreichen.	☐	☐	☐	☐	☐	V015a
Die Betreuer haben mich, oft genug zu Freizeitaktivitäten gefahren.	☐	☐	☐	☐	☐	V032d
Die Betreuer haben meinen gewünschten Kontakt zu Vereinen/Sportvereinen gefördert.	☐	☐	☐	☐	☐	V032e
Folgende Freizeitangebote, Hobbys haben mir in der Einrichtung gefehlt..						V032f

Frage 12	Wie stehst Du zu folgenden Aussagen?					
	stimme gar nicht zu (1)	stimme eher nicht zu (2)	stimme eher zu (3)	stimme völlig zu (4)	trifft für mich nicht zu (5)	
Ich bin mit der Betreuung zufrieden.	□	□	□	□	□	V031a
Die Einrichtung hat die Vereinbarungen gemäß der Hilfeplanung erfüllt.	□	□	□	□	□	V031d
Meine Eltern/ Sorgeberechtigten sind an meiner Entwicklung in der Maßnahme interessiert.	□	□	□	□	□	V031c

Frage 13	Wohnst Du in einer Einzelwohnung?
Ja □ (2) Nein □ (1) ***Wenn ja, bitte die Frage 13a ausfüllen!***	V 015e

Frage 13a	Wie stehst Du zu folgenden Aussagen?					
	stimme gar nicht zu (1)	stimme eher nicht zu (2)	stimme eher zu (3)	stimme völlig zu (4)	trifft für mich nicht zu (5)	
Ich habe mir in meiner Wohnung einen Mitbewohner oder eine Mitbewohnerin gewünscht.	□	□	□	□	□	V015b
Ich habe mich in meiner Wohnung oft einsam gefühlt.	□	□	□	□	□	V015c
Ich hatte genug Kontakt zu den Mitarbeitern.	□	□	□	□	□	V015d

Frage 14	**Wurde Deine Maßnahme beendet oder bist Du in eine andere Wohnform der Einrichtung verlegt worden?**						
Ja □ (2) **Nein** □ (1) **Wenn ja, bitte die Fragen 14a und 15 ausfüllen!**							V031i
Frage 14a	**Ich bin in der Betreuung selbstständiger geworden,..............**						
		stimme gar nicht zu (1)	stimme eher nicht zu (2)	stimme eher zu (3)	stimme völlig zu (4)	trifft für mich nicht zu (5)	
in der Schule/ bei der Arbeit		□	□	□	□	□	V031g
im Umgang mit meinem Geld		□	□	□	□	□	V031e
in lebenspraktischen Fähigkeiten		□	□	□	□	□	V031f
in der Begegnung mit Menschen		□	□	□	□	□	V031h
Insgesamt		□	□	□	□	□	V031b

Frage 15	**Wie stehst Du zu folgenden Aussagen?**						
		stimme gar nicht zu (1)	stimme eher nicht zu (2)	stimme eher zu (3)	stimme völlig zu (4)	trifft für mich nicht zu (5)	
In der Betreuung habe ich einen Schulabschluss oder Ausbildungsabschluss erlangt.		□	□	□	□	□	V031i
Ich bin im Laufe der Betreuung immer weniger mit Gesetz in Konflikt geraten.		□	□	□	□	□	V031j

Frage 16	**Wurde Deine Maßnahme beendet oder bist Du in eine andere Wohnform der Einrichtung verlegt worden?**		
Ja □ (2) **Nein** □ (1) ***Wenn ja, bitte die Frage 16a ausfüllen!***			V010a
Frage 16a	**Wo wirst Du, wenn Du bei uns ausgezogen bist wohnen?**		
	In deiner eigenen Wohnung	□(1)	V010
	Bei deinen Eltern	□(2)	
	In einer anderen Wohnform unserer Einrichtung	□(3)	
	In einer anderen Einrichtung der Jugendhilfe	□(4)	
	Sonstiges:	□(5)	

Frage 17	**Abschließend möchten wir Dir die Möglichkeit geben eigene Vorschläge zur Verbesserung unseres Angebotes zu machen:**	
	Vorschläge:	V 057a
	....	
	....	
	....	
	....	
	....	
	....	
	....	

Vielen Dank für Deine Mühe und Deine Unterstützung!

Untersuchungsteil: Fachkräfte des Jugendamts

Name des/der InterviewerIn ____________________ V 085c

Lfd. Nr. : ____________ V 085b

Datum : Quartal / Jahr ________________ V 085

Bitte die entsprechende Kennzahl unterstreichen!

<u>Gruppe :</u>	<u>Kennzahl:</u> V 085a
IWG 1	1
IWG 2	2
AWG Fichtenweg	3
Intensivgruppe	4
Wochengruppe	5
WGI	6
WGV Bielefeld	7
Betreutes Wohnen	8
Mobile Betreuung	9
Tagesgruppen	10
Flexible Betreuung/ Erziehungsbeistandschaft	11

Diese Untersuchung ist anonym!

Wir bitten Sie den Fragebogen ab hier auszufüllen!

Die Bezeichnung des zuständigen Jugendamts angeben. V 086
(z.B. Jugendamt Holzminden / Regionalteam Süd)

....

Wie lange arbeiten Sie mit uns zusammen? ....Jahre V 086a

Frage 1	**In dieser Frage geht es um Ihre Meinung als MitarbeiterIn des Jugendamts, hinsichtlich der Qualität:** **a) unserer Außendarstellung** **und b) unseres Aufnahmeprozesses.** **Stimmen Sie folgenden Aussagen zu oder nicht zu?**					
	stimme gar nicht zu (1)	stimme eher nicht zu (2)	stimme eher zu (3)	stimme völlig zu (4)	trifft für mich nicht zu (5)	
Die unterschiedlichen Betreuungsangebote der Einrichtung sind mir vor der Unterbringung präsentiert worden.	☐	☐	☐	☐	☐	V 087
Die Einrichtung war telefonisch gut erreichbar.	☐	☐	☐	☐	☐	V 088
Am Telefon wird man freundlich und hilfsbereit empfangen.	☐	☐	☐	☐	☐	V 089
Die Kontaktaufnahme mit dem/der für Sie zuständigen GesprächspartnerIn wurde schnell ermöglicht.	☐	☐	☐	☐	☐	V 090
Der Aufnahmeprozess läuft einfach und zügig ab.	☐	☐	☐	☐	☐	V 091
Die im Aufnahmeprozess beteiligten MitarbeiterInnen erweisen sich als kompetent.	☐	☐	☐	☐	☐	V 092
Das Aufnahmegespräch wurde in einer offenen und guten Atmosphäre geführt.	☐	☐	☐	☐	☐	V 095
Der betroffene Jugendliche (das Kind) wurde am Aufnahmegespräch beteiligt.	☐	☐	☐	☐	☐	V 096
Das Angebot stimmt mit der aktuellen Leistungs-beschreibung überein.	☐	☐	☐	☐	☐	V 093
Der Standard der Unterbringung in den einzelnen Wohnformen (bzw. Tagesgruppen) ist angemessen.	☐	☐	☐	☐	☐	V 094

Frage 2	*In dieser Frage geht es um Ihre Meinung, über die Qualität der Zusammenarbeit zwischen Ihnen als Fachkräften des Jugendamts und uns als Einrichtung der Erziehungshilfen.*					
	stimme gar nicht zu (1)	stimme eher nicht zu (2)	stimme eher zu (3)	stimme völlig zu (4)	trifft für mich nicht zu (5)	
Über wichtige Veränderungen im Betreuungsverlauf wurden die VertreterInnen des Jugendamts rechtzeitig informiert.	☐	☐	☐	☐	☐	V 097
Bei wichtigen Entscheidungen wurden die VertreterInnen des Jugendamts rechtzeitig beteiligt.	☐	☐	☐	☐	☐	V 098
Die Einrichtung hat den vereinbarten Erziehungsauftrag gemäß der Hilfeplanung erfüllt.	☐	☐	☐	☐	☐	V 099
Der Jugendliche (das Kind) ist in der Betreuung selbstständiger geworden.	☐	☐	☐	☐	☐	V099a
Die Einrichtung hat bei Veränderungen gemäß der Hilfeplanung die VertreterInnen des Jugendamts rechtzeitig in Kenntnis gesetzt.	☐	☐	☐	☐	☐	V 100
Die verantwortlichen MitarbeiterInnen waren für die VertreterInnen des Jugendamts gut zu erreichen.	☐	☐	☐	☐	☐	V 101
Die für die Jugendlichen (die Kinder) verantwortlichen MitarbeiterInnen der Einrichtung wurden von dem/den VertreterInnen des Jugendamts als kompetent erlebt.	☐	☐	☐	☐	☐	V 102

Frage 3	**In dieser Frage wollen wir von Ihnen wissen, ob zur Qualitätsverbesserung unserer einzelnen Angebote folgende Aussagen für Sie zutreffend sind.** **Wie stehen Sie zu folgenden Aussagen?**					
	stimme gar nicht zu (1)	stimme eher nicht zu (2)	stimme eher zu (3)	stimme völlig zu (4)	trifft für mich nicht zu (5)	
Es gibt genügend interne therapeutische Angebote in der Einrichtung.	□	□	□	□	□	V 103
Die Einrichtung kann auf besonders schwierige Jugendliche (Kinder) angemessen eingehen.	□	□	□	□	□	V 104
Die MitarbeiterInnen setzen den Jugendlichen (Kindern) ausreichend enge Grenzen.	□	□	□	□	□	V 106
Die Betreuung ist flexibel und passend auf den einzelnen Jugendlichen (das Kind) zugeschnitten.	□	□	□	□	□	V 109
Die Kooperation zwischen unserer Einrichtung und anderen Institutionen ist gut.	□	□	□	□	□	V 110
Die Einrichtung informiert die VertreterInnen des Jugendamts ausreichend über die entstehenden Kosten.	□	□	□	□	□	V 111
Die pädagogische Arbeit unserer MitarbeiterInnen ist gut.	□	□	□	□	□	V 112
Die Arbeit unserer MitarbeiterInnen der Verwaltungsabteilung ist gut.	□	□	□	□	□	V 113
Die Jugendlichen (Kinder) bleiben eine angemessene Zeit in den einzelnen Betreuungsformen.	□	□	□	□	□	V 114
Es ist ausreichend Elternarbeit geleistet worden.	□	□	□	□	□	V 115

Frage 3a	In Ergänzung zur vorherigen Frage 3 wollen wir weitere Aussagen zur Qualitätsverbesserung überprüfen. Wie stehen Sie zu diesen Aussagen?					
	stimme gar nicht zu (1)	stimme eher nicht zu (2)	stimme eher zu (3)	stimme völlig zu (4)	trifft auf mich nicht zu (5)	
Sie sind mit dem Angebot an niederschwelligen Beschäftigungsmodellen zufrieden.	□	□	□	□	□	V 116
Das differenzierte Angebot entspricht dem Bedarf.	□	□	□	□	□	V 117
Sie sind mit unserer internen Ausbildungspalette zufrieden.	□	□	□	□	□	V117a
Sie sind mit unserem Ausbildungsangebot für junge Frauen zufrieden.	□	□	□	□	□	V117b

Frage 3b	Wie stehen Sie zu folgenden Aussagen?					
	stimme gar nicht zu (4)	stimme eher nicht zu (3)	stimme eher zu (2)	stimme völlig zu (1)	trifft auf mich nicht zu (5)	
Die Jugendlichen (Kinder) bleiben zu lange in den einzelnen Betreuungsformen.	□	□	□	□	□	V118a
Die Jugendlichen (Kinder) bleiben zu kurz in den einzelnen Betreuungsformen.	□	□	□	□	□	V118b

Frage 4	Wie wünschen Sie sich den Aufnahmeprozess?			
		nein (1)	ja (2)	
	Direktanfrage in die Gruppe	□	□	V117c
	Zentral über eine Leitungsperson	□	□	V117d

Frage 5	Wie beurteilen Sie als Außenstehender das Betriebsklima in unserer Einrichtung?		
	Sehr schlecht	□ (1)	V 118
	Eher schlecht	□ (2)	
	Eher gut	□ (3)	
	Sehr gut	□ (4)	

Frage 6	**Abschließend möchten wir Ihnen die Möglichkeit geben eigene Vorschläge zur Verbesserung bzw. Erweiterung unseres Angebotes zu machen:**	
	Vorschläge:	V 119

Vielen Dank für Ihre Mühe und Ihre Unterstützung im Qualitätsdialog!

Untersuchungsteil: Eltern/ Sorgeberechtigte

Name des/der InterviewerIn ____________________ V 058d

Dieses Deckblatt wird von dem/der InterviewerIn ausgefüllt:

Lfd. Nr. : ______________V058c

Datum : Quartal/ Jahr ________________ V 058

Bitte die entsprechende Kennzahl unterstreichen!

Gruppe :	Kennzahl: V 058a
IWG 1	1
IWG 2	2
AWG Fichtenweg	3
Intensivgruppe	4
Wochengruppe	5
WGI	6
WGV Bielefeld	7
Betreutes Wohnen	8
Mobile Betreuung	9
Tagesgruppen	10
Flexible Betreuung/ Erziehungsbeistandschaft	11

Diese Untersuchung ist anonym!

Frage 1	**In dieser Frage geht es um die Qualität der Zusammenarbeit, zwischen Ihnen als Eltern und uns als MitarbeiterInnen der zu betreuenden Jugendlichen.** **Wie stehen Sie zu folgenden Aussagen?**					
	stimme gar nicht zu (1)	stimme eher nicht zu (2)	stimme eher zu (3)	stimme völlig zu (4)	trifft für mich nicht zu (5)	
Die MitarbeiterInnen haben den Kontakt zwischen der Einrichtung und dem Elternhaus gefördert.	□	□	□	□	□	V 059
Bei wichtigen Entscheidungen wurden wir als Eltern rechtzeitig beteiligt.	□	□	□	□	□	V 060
Es gab für mich namentlich bekannte Ansprechpartner.	□	□	□	□	□	V 061
Bei Bedarf habe ich zuständige MitarbeiterInnen erreicht.	□	□	□	□	□	V 062
Von der Einrichtung getroffene Maßnahmen wurden mir ausreichend erläutert.	□	□	□	□	□	V 063
Ich war mit den von der Einrichtung getroffenen Maßnahmen einverstanden.	□	□	□	□	□	V063a
Die MitarbeiterInnen verstanden das Wesentliche der Probleme meines Kindes.	□	□	□	□	□	V 064
Ich hatte Vertrauen zu den/dem verantwortlichen MitarbeiterInnen.	□	□	□	□	□	V 066
Die MitarbeiterInnen haben mich ausreichend einbezogen.	□	□	□	□	□	V 081

Frage 2	**In dieser Frage geht es um Ihre Wünsche, Meinungen und Erwartungen, die Sie als Eltern mit unserem Angebot verbinden.** **Wie stehen Sie zu folgenden Aussagen?**					
	stimme gar nicht zu (1)	stimme eher nicht zu (2)	stimme eher zu (3)	stimme völlig zu (4)	trifft für mich nicht zu (5)	
Die im Hilfeplangespräch gemachten Angebote der Einrichtung sind eingelöst worden.	☐	☐	☐	☐	☐	V 068
Ich habe den Eindruck, mit dem im Hilfeplangespräch ausgewähltem Angebot gut beraten worden zu sein.	☐	☐	☐	☐	☐	V 069
Ich habe den Eindruck, in der Einrichtung immer freundlich empfangen worden zu sein.	☐	☐	☐	☐	☐	V 070
Meine Erwartungen hinsichtlich der Maßnahme sind erfüllt worden.	☐	☐	☐	☐	☐	V 071
Die Maßnahme war für mein Kind hilfreich.	☐	☐	☐	☐	☐	V071a
Durch die Maßnahme hat sich die Beziehung zu meinem Kind verbessert.	☐	☐	☐	☐	☐	V071b
Die Maßnahme hat auch die Beziehung der anderen Familienmitglieder untereinander erleichtert.	☐	☐	☐	☐	☐	V 072
Ich bin der Meinung, dass die MitarbeiterInnen mein Kind mit Würde behandelt haben.	☐	☐	☐	☐	☐	V 073
Mein Kind ist selbständiger geworden.	☐	☐	☐	☐	☐	V082a
Ich bin mit der Betreuung meines Kindes zufrieden.	☐	☐	☐	☐	☐	V082c

Frage 3	Abschließend möchten wir Ihnen die Möglichkeit geben, uns Ihre eigenen Vorschläge zur Verbesserung unserer Arbeit mitzuteilen:
	Vorschläge: V 82b ....

Frage 3.1	Was könnte in unseren Angeboten aus Ihrer Erfahrung heraus besser gemacht werden?
	V 82c ....

Frage 3.2	Was hat Ihnen an unserem Angebot besonders gut gefallen und sollte auf keinen Fall geändert werden?
	V 82d ....

Vielen Dank für Ihr Bemühen und Ihre Unterstützung !

Übersicht: Leistungsangebot Wohngemeinschaft

1. Alltagsleistungen
1.1 Pädagogik und Betreuung

- Strukturierung des Tagesablaufs/Wochenablaufs (z. B. gemeinsamer Zeitrahmen, Mahlzeiten, Aktivitäten usw.)
- Förderung und Aufbau einer tragfähigen Gruppenatmosphäre
- Förderung individueller Interessen und Begabungen
- intensive erzieherische Auseinandersetzungen, Setzen von Grenzen
- Förderung emotionaler Ausdrucksfähigkeit Förderung im kognitiven Bereich
- Förderung im (lebens-)praktischen Bereich Förderung im musisch-kreativen Bereich
- Gesundheits- und Hygieneerziehung
- Gestaltung von Freizeit-, Sport- und Spielartgeboten
- Durchführung von Ferienfreizeiten und erlebnispädagogischen Angeboten
- Beratung und Begleitung bei Krisen und Konflikten
- Erfahrungsfelder schaffen für soziales Lernen, Wahrnehmen und Verhalten
- Auseinandersetzungen im Spannungsfeld zwischen den Bedürfnissen und Interessen Einzelner und der Gruppe
- Entwickeln von Zukunftsperspektiven und Lebensplanung
- Beratung und Unterstützung bei der Kontaktpflege zu Angehörigen
- Beratung und Unterstützung bei der Kontaktpflege zu FreundInnen und zum sozialen Umfeld, Nachbarschaft, Vereine
- Vorbereitung und Gestaltung periodisch wiederkehrender Ereignisse undFeste (Geburtstage, Weihnachten, Abschied, Prüfung usw.)
- Förderung von Verantwortung für sich und andere, Rechte und Pflichten
- zielorientiertes Arbeiten mit verschiedenen Altersgruppen (z.B. Selbständigkeitserziehung)
- geschlechtsspezifische Förderung und Betreuung

- adäquate Gestaltung der Gruppenräume und des Wohnumfeldes
- hauswirtschaftliche Versorgung (Einkauf und Zubereitung von Mahlzeiten, Reinigung, Kleiderpflege, Wäsche, technische Dienste usw.)
- Initiierung und Vermittlung externer Beratungs- und Therapieangebote

1.2 Schulische Förderung / Ausbildung / Beschäftigung

- Hausaufgabenbetreuung
- Förderangebote im Einzelfall kontinuierliche Zusammenarbeit und Abstimmung mit Schule oder Ausbildungsstelle
- Begleitung von Entscheidungen, die Schul- und Ausbildungslaufbahn betreffend
- Initiierung und Vermittlung von Nachhilfe oder von berufsbegleitenden Hilfen
- Unterstützung bei Krisen im Lern- und Ausbildungsgeschehen

1.3 Eltern- und Familienarbeit

- situationsabhängige Alltagskontakte
- informelle Gespräche, Telefonate, Absprachen Eltern- und Familiengespräche
- Hausbesuche
- Einbeziehung der Familie in das Gruppengeschehen
- gesellige Elterntreffs
- Unterstützung der Kommunikation und Beziehungsgestaltung zwischen Eltern und Kinder
- alltagspraktische Hilfen
- Initiierung und Vermittlung externer Beratungs- und Therapieangebote

1.4 Zusammenarbeit mit dem Jugendamt

- situationsbezogene und regelmäßige Abstimmung des Erziehungsprozesses
- Zusammenarbeit bei Familienkontakten

- Kooperation im Rahmen der Hilfeplanung
- Entwicklung und Realisierung eines sinnvollen Hilfekonzeptes
- Koordination mit anderen Institutionen und Diensten
- Verhandlungen bei veränderter Bedarfslage und bei veränderter familiärer Situation
- Nachbetreuung im Einzelfall

2. Besondere Leistungen

=> entsprechen inhaltlich den Alltagsleistungen.

=> könnten als *besonders intensiv pädagogische Leistungen* bezeichnet werden

=> heben sich im Einzelfall vom Regelablauf der Wohngruppe ab

=> sind nur zeitlich begrenzt und mit besonderen Absprachen umzusetzen und durchzuführen

3. Rahmenleistungen

3.1 Arbeitsorganisation

- Planung und Vorbereitung
- Aufnahmen und Entlassungen
- Hilfeplanung, Erziehungsplanung
- Verwaltungsanteile, Kassenführung
- Dienstplanung

3.2 interne und externe Kommunikationen

- Konferenzen
- Teamgespräche
- Dienstübergabe (Urlaubsvertretung)
- Kooperation mit anderen Institutionen

- Außenvertretung, Kontaktpflege
- Kooperation mit der wirtschaftlichen Jugendhilfe
- Öffentlichkeitsarbeit

3.3 Leistungsdokumentation

- Protokolle und Berichte
- Stellungnahmen
- Statistiken, Listenführung

3.4 Qualitätssicherung

- Beratung, Anleitung
- Supervision
- Fortbildung
- Fachgruppen
- Evaluationsforschung (Eckehardter Modell)

Leistungsbeschreibung WGV

1. Platz in einer Wohngemeinschaft/Verselbstständigungsangebot Nr.1

1. Verselbstständigungsgruppe

Zur erzieherischen Hilfe lebt der Heranwachsende in einer Kleingruppe in einer dezentralen vom Träger angemieteten Wohnung. Diese Betreuungsform stellt überwiegend einen Zwischenschritt im Verselbständigungsprozess für die Heranwachsenden dar. Die Betreuung erfolgt durch eine/n Mitarbeiterin.

2. Platzzahl und Größe der Gruppen

Plätze	2 5 Plätze in 8 x Wohngemeinschaften davon 16 Plätze in Bielefeld davon 9 Plätze in Kreis Gütersloh
Größe der Gruppen	2 - 4 Plätze pro Wohngemeinschaft

3. Betreuungsdichte und Qualifikation der Mitarbeiterinnen

Personalschlüssel :	Pädagogik Leiten / Beraten Verwaltung	1 : 3 1 : 25,49 1 : 25
Mitarbeiterqualifikation :	Pädagogische Fachkräfte ,	in der Regel ErzieherInnen oder FHS

4. Rechtliche Grundlagen

§ 27 KJHG als Voraussetzung einer erzieherischen Hilfe
§ 36 KJHG Hilfeplanung
§ 34 KJHG Hilfe zur Erziehung durch Heimerziehung u. sonstige betreute Wohnformen

5. Zielgruppe

Geschlecht : männlich, weiblich und koedukativ

Aufnahmealter : ab 16 Jahren

- junge Menschen , bei denen ansatzweise lebenspraktische Fertigkeiten u. eine berufliche Perspektive vorhanden sind ; -junge Menschen die in einzelbetreuten Wohnformen vereinsamen und überfordert sind ; - junge Menschen die einerseits Regelgruppen nicht ertragen können andererseits die soziale Kontrolle der Kleingruppe benötigen (z.B. bei Suizidalität)

Ziele: -Verselbständigung und Verlegung in das Betreute Wohnen - Festigung der beruflichen Perspektive Stabilisierung der Persönlichkeit ;

6. Sozialpädagogische Leistungen

6.1 Alltag / Setting / Umfang der Betreuung

- jeweils ein/e Mitarbeiterin ist zuständig für eine Wohngemeinschaft (WG)
- Betreuung nach Bedarf aber zeitlich
- bedarfsorientierte Bewohnerzusammensetzung jeder WG
- *rund - um - die - Uhr-* Erreichbarkeit eines/r WGV- Mitarbeiterin plus Hintergrundbereitschaft der Einrichtung
- Telefonanschluß für jede WG
- täglicher Kontakt zwischen Mitarb . u. Bewohner in der WG
- bei Hinweisen überprüfen eventueller Gefährdungen u. entwicklungsangemessene Reaktionen
- Hilfe und Kontrolle bei der Versorgung
- Einüben lebenspraktischer Fertigkeiten , Unterstützung durch Mitarbeiterin
- Freizeitgestaltung in der Gruppe und Förderung der Außenkontakte
- bei Bedarf Nutzung der gruppenübergreifenden Freizeitangebote der Einrichtung
- Förderung der Sozialkompetenz durch regelmäßige Gruppengespräche Hilfe bei der Tagesstrukturierung (Wecken , Mahlzeiten , Schul/ Ausbildungsbesuch
- Betreuung der jungen Menschen in der Regel durch gleichgeschlechtliche/n Mitarbeiterin

6.2 Individuelle Förderung

- Schutz des jungen Menschen gewährleisten
- Hilfe bei der Auseinandersetzung mit dem Herkunftsmilieu
- mindestens wöchentliche intensive Einzelgespräche
- regelmäßige mindestens wöchentliche Oberprüfung der emotionalen Befindlichkeit Herstellung einer Vertrauensbeziehung
- Hilfe bei der Freizeitgestaltung durch : gemeinsame Aktivitäten ; Mobilitätshilfen : Kontaktförderung zum sozialen Umfeld Gruppenaktivitäten der WGV – Betreuten
- Erziehungsplanung , d.h. , Beschreibung der Ist - Situation Erfassung des Hilfebedarfs , Vereinbarung von Erziehungszielen u. Schritten unter Beteiligung des jungen Menschen
- Hilfeplanung unter Beteiligung der Betroffenen des Jugendamtes u. ggf. der Sorgeberechtigten
- Durchführung und Kontrolle der im Hilfeplan vereinbarten Maßnahmen Kriseninterventlon , ggf. Hinzuziehung dritter (interne u. externe Fachkräfte)

- Abklärung therapeutischen Bedarfs und sonstiger Hilfen , sowie deren Beantragung u. Beschaffung
- Hilfen bei Konflikten im sozialen Umfeld (Nachbarn , Vermieter usw.
- Interessenvertretung des jungen Menschen gegenüber Behörden , Institutionen Ausbildern, Eltern und anderen
- Förderung des Sozialverhaltens

6.3 Eltern -/ Familienarbeit

- möglichst Beteiligung der Eltern an Hilfeplangesprächen herbeiführen
- Information der Eltern / Sorgeberechtigten über alle wesentlichen Ereignisse
- Absprache mit den Eltern vor Familienheimfahrten
- Absprache mit Sorgeberechtigten vor allen wichtigen Entscheidungen (Berufswahl Schulwechsel, medizinische Eingriffe usw.)
- den jungen Menschen in seinen berechtigten Interessen gegenüber den Eltern Sorgeberechtigten vertreten
- bei Bedarf den jungen Menschen in seiner Auseinandersetzung mit seinen Eltern über familienbiografische Konflikte unterstützen
- Ablösungsprozesse begleiten und die Familie dabei unterstützen Annäherung an Familie nach Beziehungsabbrüchen fördern wenn für den Betreuten hilfreich

6.4 Psychologische Grundleistungen

- regelmäßige Fallreflektion durch kollegiale Beratung u. durch BeraterIn
- regelmäßige Erziehungsplanung , mindestens 2 x im Jahr
- Vor - u. Nachbereitung von Hilfeplangesprächen
- Vertrauensbeziehung schaffen und als Ansprechpartner zur Verfügung stehen
- Biografiearbeit mit dem Betreuten
- Ich - Stärkung durch Wertschätzung und positive Verstärkung von Stärken
- Problemeinsicht erzeugen Problemsicht der jungen Menschen kennenlernen
- gezieltes Feed-Back für wichtige Verhaltensbereiche

6.5 Schulische und berufliche Förderung

- Auswahl geeigneter Schul - u. Ausbildungsform unter Beteiligung aller Betroffenen soweit möglich (Arbeitsamt, schulpsych. Dienst, JA , Eltern)
- Anleitung u. Unterstützung und ggf. Kontrolle bei den Hausaufgaben
- regelmäßiger, mindestens wöchentlicher Informationsaustausch mit Schule/ Ausbildung/ Arbeitsplatz
- Interessenvertretung des jungen Menschen in der Schule / Ausbildungsstelle / Arbeitsplatz wahrnehmen
- tagesstrukturierende Angebote (Schule, Werkstatt , Berufsfördermaßnahmen , Projekte bei schulmüden u/o. ausbildungsunfähigen jungen Menschen finden bzw. schaffen ggf. über Zusatzleistungen in heimeigenen Maßnahmen)
- Dokumentation des Schul/Ausbildungsverlaufs

7. Versorgungsbereich

7.1 Hauswirtschaftliche und technische Leistungen

- der Lebensunterhalt kann auf Konto der Betreuten ausgezahlt werden , oder vom pädagogischen Mitarb. verwaltet werden
- bei Missbrauch Auszahlung in kürzeren Abständen bis hin zum gemeinsamen Einkauf gemeinsame Einkaufsplanung und Durchführung , Zubereitung der Mahlzeiten , solange notwendig
- Anleitung und Kontrolle bei allen hauswirtschaftlichen Tätigkeiten
- bei umfangreichen Renovierungsarbeiten Unterstützung durch haustechnischen Dienst der Einrichtung , kleinere Renovierungsarbeiten werden durch Betreute und Mitarb. erledigt
- Waschmaschine in jeder Wohngemeinschaft

7.2 Räumlichkeiten

- Wohnungen dezentral mit einem Zimmer für jeden Bewohner plus Küche u. Gemeinschaftsraum (eventuell Wohnküche WGV)
- Büro in der Einrichtung die Wohnungen liegen im *normalen* sozialen Umfeld , d.h. , in Mehrfamilienhäusern
- angemietet durch Träger

8. Individuelle Zusatzleistungen

• trägereigene Sonderschule für Erziehungshilfen	kostenlos
• trägereigene Sonderberufsschule	kostenlos
• Nachhilfe	reale Kosten
• Nachhilfe für Auszubildende in eigener Werkstatt	im Werkstattpflegesatz enthalten
• Ausbildungsmaßnahmen in eigenen Werkstätten	Werkstattpflegesatz Ausbildungsvergütung Sozialversicherung
• tagesstrukturierende Maßnahmen durch eigene Schulen/Werkstätten/Projekte - kurzfristig - mittel/langfristig	 kostenlos Aufschlag zum Pflegesatz
• therapeutische Einzelleistungen unterschiedlicher Methodik durch eigene Therapeuten	Fachleistungsstunde
• Einrichtungsbeihilfe bei Beendigung der Maßnahme	nach Vereinbarung

Auszug aus dem Folder des Wohngemeinschaften - Verbunds Bielefeld

Wohngemeinschaften- Verbund

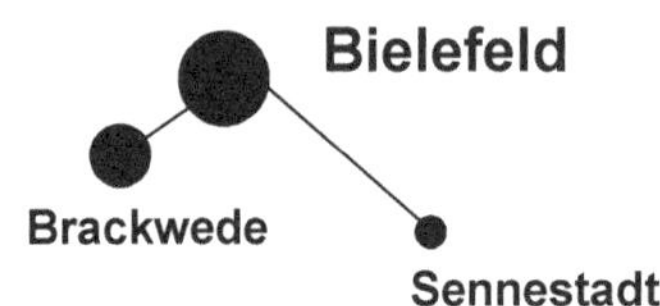

Philosophie

Der Weg ist unser Ziel! Los geht`s! Schritt für Schritt in die Selbstständigkeit

Konzept

Wir bieten individuelle und bedürfnisorientierte Betreuung im Wohngruppenkontext.

Die Stärken der Jugendlichen bilden für uns die Grundlage der Betreuung.

Unsere Betreuungszeiten orientieren sich weitgehend am Lebensalltag der jungen Menschen.

Zielgruppe

Weibliche und männliche Jugendliche und Heranwachsende, die gem. §§ 27,34 oder 41 KJHG Begleitung, Unterstützung und Sicherheit in einer Wohngemeinschaft benötigen;

zur Entwicklung und Umsetzung ihrer individuellen Ziele auf Hilfe angewiesen sind;

einen geeigneten Rahmen zur Auseinandersetzung mit ihrer eigenen Biografie suchen;

den klassischen Regelgruppen aufgrund ihres Entwicklungsstandes entwachsen sind.

Umsetzung

Der Prozess der Verselbstständigung wird begleitet durch **eine** Bezugsperson die verantwortlich ist für

die Entwicklung einer geeigneten Tagesstruktur;

die Begleitung der Schul– oder Berufsausbildung;

die Vermittlung von lebenspraktischen Fähigkeiten;

die individuelle Hilfestellung bei der Persönlichkeitsentwicklung;

die Bedarfsklärung therapeutischer Maßnahmen.

Wohnsetting

Die angemieteten Wohnungen liegen in gewachsenen Wohngebieten sowohl in den Außenbezirken als auch in der Innenstadt von Bielefeld.

Ihre Lage gewährleistet eine gute Verkehrsanbindung sowie die flexible und schnelle Kontaktaufnahme der BetreuerInnen.

In unseren Wohngemeinschaften betreuen wir 2-3 Jugendliche, wobei wir auch koedukative Gruppen anbieten.

Kontaktaufnahme

Erziehungsleitung: Thomas Bergt

Telefon: 0521-1441780
Mobil: 0171-3008684

E-Mail: Thomas.Bergt@gebal.de

WGV-Büro: 0521-1441682

Unsere Anschrift:

Jugendhilfe Eckehardt
Eckhardtsheimer Str. 29
33689 Bielefeld

Telefon: 0521-1441235
Fax: 0521-1441605

Zeitfracht Medien GmbH
Ferdinand-Jühlke-Straße 7
99095 Erfurt, Deutschland
produktsicherheit@kolibri360.de